PAR QUATRE CHEMINS

L'INTÉGRATION DES MATIÈRES AU CŒUR DES APPRENTISSAGES

MARTINE LECLERC

Activités sur Internet

Chenelière/McGraw-Hill
MONTRÉAL • TORONTO

Par quatre chemins
L'intégration des matières au cœur des apprentissages —
Activités sur Internet

Martine Leclerc

© 1998 Les Éditions de la Chenelière inc.

Coordination : Danièle Bellehumeur
Révision linguistique : Nicole Blanchette
Correction d'épreuves : Lara Langlais
Infographie : Julie Leclerc
Couverture : Norman Lavoie
Photos : Martine Leclerc et René Binet

Données de catalogage avant publication (Canada)

Leclerc, Martine

   Par quatre chemins : l'intégration des matières au cœur des apprentissages : activités sur Internet

   Comprend des réf. bibliogr.

   ISBN 2-89461-148-X

   1. Interdisciplinarité en éducation. 2. Enseignement - Méthodes actives. 3. Évaluation en éducation. 4. Technologie de pointe et éducation. 5. Français (Langue) - Étude et enseignement - Méthodes actives. I. Titre.

LB1029.I58L42 1998   371.3   C98-940295-9

Chenelière/McGraw-Hill
7001, boul. Saint-Laurent
Montréal (Québec)
Canada H2S 3E3
Téléphone : (514) 273-1066
Télécopieur : (514) 276-0324
chene@dlcmcgrawhill.ca

Tous droits réservés.

Toute reproduction, en tout ou en partie, sous quelque forme et par quelque procédé que ce soit, est interdite sans l'autorisation écrite préalable de l'Éditeur. Toutefois, les pages portant la mention «Feuille reproductible © 1998 Chenelière/McGraw-Hill» sont reproductibles pour l'usage personnel de l'acheteur ou les besoins de ses élèves seulement.

ISBN 2-89461-148-X

Dépôt légal : 2ᵉ trimestre 1998
Bibliothèque nationale du Québec
Bibliothèque nationale du Canada

Imprimé au Canada
1 2 3 4 5   02 01 00 99 98

L'Éditeur a fait tout ce qui était en son pouvoir pour retrouver les copyrights. On peut lui signaler tout renseignement menant à la correction d'erreurs ou d'omissions.

À ma fille Mélanie

Merci Mélanie pour tes bons petits plats et ta patience pendant que j'occupais la ligne téléphonique pour mes recherches sur Internet alors que tu attendais des appels de tes amies.

Avant-propos

Voltaire a écrit : « L'illusion est le premier de tous les plaisirs. » J'en ai eu la preuve en publiant ce livre.

Il y a 10 ans, je revenais d'un long voyage dans l'Arctique canadien, où j'avais séjourné 2 ans, et je croyais réellement mettre pour de bon au rancart craie, manuels scolaires et programmes... En fait, mon véritable périple a débuté à Val d'Or neuf ans plus tôt, en 1977, où j'ai fait mes premiers pas d'enseignante, puis il s'est poursuivi au Lac-Saint-Jean pour aboutir à Iqaluit dans les Territoires du Nord-Ouest. Malgré mon attachement envers les enfants, ma carrière d'enseignante ne me satisfaisait pas, du moins pas au point de désirer passer ma vie dans ces conditions. Ce qui me tracassait le plus alors, c'était les divisions artificielles dans l'horaire, les contenus, les objectifs... Ce déguisement emprunté que j'essayais d'appliquer dans ma salle de classe ne correspondait pas à ma véritable nature et me donnait la désagréable impression que je végétais au point de vue professionnel. J'avais lu quelque part que si on n'avance pas, on piétine. Et si on piétine trop longtemps, on finit par creuser sa tombe.

L'enseignement était devenu quelque chose d'erroné et de compartimenté qui ne pouvait convenir à ma vraie personnalité, probablement délinquante puisque j'avais de la difficulté à me soumettre à de telles limites. Je me souviens d'avoir, à cette époque, fait le dessin d'une classe telle que je l'imaginais. Dans cette classe, les murs étaient tellement bas qu'on pouvait les enjamber, ce qui permettait de s'approprier des éléments de l'extérieur...

Cette déception professionnelle a suffi pour qu'à mon retour du « pays des glaces », en 1988, je désire changer de carrière. C'est pourquoi j'ai entrepris des études de maîtrise en administration publique. Je ne souhaitais plus enseigner mais, par chance, la vie allait en décider autrement. Quoi qu'il en soit, cette maîtrise à l'École Nationale d'Administration Publique (ÉNAP) fut pour moi une source de connaissances qui répondait à ma soif d'apprendre. Entre autres, j'ai pu constater que toutes les organisations vivaient des bouleversements liés au changement et que les différents organismes publics représentés vivaient tous des problèmes semblables! Je venais de prendre un nouveau départ...

Dans un élan du cœur, je me suis arrêtée un bon matin sur une petite annonce où l'on demandait une enseignante ou un enseignant pour élèves autistiques. Comment aurais-je pu refuser ? Le défi qu'il y a à construire quelque chose de nouveau m'attirait et, de plus, j'allais jouir d'une certaine latitude dans ce domaine, car tout était à bâtir au point de vue du contenu du cours. La vie de tous les jours pourrait enfin prendre la place qui lui revient dans le cours que je devais mettre au point. Enseigner à une classe d'enfants autistiques est une entreprise qu'on ne peut réussir si on est sans espoir. Il y a de ces idées folles qui nous propulsent vers de nouveaux horizons... C'est ce qui s'est produit pour moi. J'ai pu me rendre compte de belle façon qu'après plusieurs années dans le monde de l'enseignement, je n'avais pas tout appris. Et j'avais enfin la possibilité d'ouvrir mon enseignement sur le monde, ce à quoi je croyais.

Les enfants m'ont beaucoup instruite. Les enfants autistiques d'abord, puis ceux qui éprouvaient de graves difficultés d'apprentissage et, finalement, les élèves des classes régulières, leurs couleurs de l'arc-en-ciel, leurs riches nuances, leurs saveurs exotiques et leur passion des découvertes. Nous avons réalisé mille et un projets, nous avons parcouru Internet et même suivi les explorateurs Weber et Malakow dans leur expédition au pôle Nord. Tout au long de ces années où j'ai pu expérimenter l'enseignement à la lumière de l'intégration des matières, j'ai suivi quatre chemins principaux :

- les arts.
- les mathématiques, les sciences et la technologie ;
- le français ;
- les études sociales ;

Chaque chemin constitue un passage qui mène à un monde d'exploration. À l'occasion, les chemins se croisent et nous conduisent vers l'interdisciplinarité.

Seuls par endroit, mais le plus souvent avec d'autres, nous progressons vers un monde nouveau, nous établissons des amitiés solides et nous traversons des frontières.

Et le voyage se poursuit... C'est ainsi que me sont venus cet enchantement pour l'intégration des matières et cet intérêt incroyable pour le monde fascinant de l'éducation.

J'adore l'enseignement. Je n'y suis pour rien : ce sont les enfants qui sont responsables d'une bonne partie de mon évolution personnelle. En effet, j'aime le dépassement et ils m'ont permis d'aller au-delà de ce que je pouvais attendre de la vie, ou même imaginer.

D'ailleurs, quand je quitte ma classe à la fin de l'année, je suis triste comme lorsque l'on termine un livre dont on a appris à aimer les personnages qui nous font vivre de magnifiques aventures. Les enfants m'ont aidée à atteindre cette part de ciel qui est à l'intérieur de chacun de nous, que l'on nomme bonté, amour, patience, douceur, persévérance, courage, sourire.

Voltaire a également raison lorsqu'il affirme que « ce qui touche le cœur se grave dans la mémoire ». Chers élèves, il est certain que longtemps après vous avoir quittés, je penserai encore à vous. Je vous dis merci.

Enfin, pendant tout ce tourbillon, il m'est arrivé ce qui peut arriver de mieux à une femme : avoir son mari comme ami! Merci Jean-Guy.

Martine Leclerc

Table des matières

Introduction — 1

Partie 1
Les fondements théoriques

Les principes de base des modules
d'intégration — 3

Le français avant tout — 5

À propos des élèves francophones
en situation minoritaire — 8

En matière d'évaluation — 10

Le succès : une question de partenariat — 23

Les nouvelles technologies au service
de l'éducation — 37

Un projet sur Internet :
Sciences à découvrir — 43

Conclusion — 48

Partie 2
Les modules d'apprentissage intégré

MODULE 1
Les chiens sont parfois des anges gardiens — 51

MODULE 2
Quand la bouffe se fait une beauté — 64

MODULE 3
J'étais jeune, il n'y a pas si longtemps — 76

MODULE 4
Tel un oiseau... — 103

MODULE 5
Ne tuez pas les loups! — 118

MODULE 6
Anna, je ne t'oublierai jamais — 132

MODULE 7
Au pays des Inuit — 147

MODULE 8
Vous mourez d'envie de fumer? — 165

MODULE 9
Quelle vie de chat! — 181

MODULE 10
Mais où sont passés les monarques? — 196

Corrigé des exercices — 214

Bibliographie — 216

Introduction

Les enfants lisent quand ils y trouvent de l'intérêt. Ils développent leur goût à chercher les informations écrites si le sujet correspond à un besoin ou si le contexte pique leur curiosité. C'est pourquoi vous découvrirez dans ce recueil une série d'activités écrites spécialement pour les élèves de la 4e à 6e année. Les thèmes variés incluent des exercices dans différents champs d'étude favorisant l'apprentissage interdisciplinaire. L'intégration des matières, au-delà d'une expression à la mode, constitue une façon nouvelle de gérer les apprentissages scolaires. Cette approche offre à la fois l'encadrement et la souplesse nécessaires au développement de compétences variées et à l'exploration de multiples facettes de l'environnement.

Les activités proposées dans ce recueil se répartissent en 10 modules d'apprentissage, chacun s'articulant autour d'un texte qui sert d'élément déclencheur.

Chaque texte qui retient l'attention par le sujet dont il traite (comme habiter avec 689 chats dans « Quelle vie de chat ! »), par les émotions qu'il suscite (comme la tristesse qui transparaît dans le texte « Vous mourez d'envie de fumer ? ») ou par ses liens étroits avec l'actualité (comme la guerre en Bosnie dans « Anna, je ne t'oublierai jamais »). Ainsi, le texte vient toucher l'enfant dans son vécu, le motiver à lire et l'inciter à explorer. L'idée de départ qu'il propose permet ensuite à l'enfant de faire des apprentissages dans différents champs d'étude.

Le choix de chaque récit respecte les objectifs visés, soit donner à l'élève le goût de lire, l'inciter à en savoir plus, le motiver à l'effort de chercher et faire naître chez lui le plaisir de la découverte. Chaque thème est traité de façon à procurer une information inédite, peu commune ; c'est souvent ce petit quelque chose de spécial qui devient source de stimulation.

Les enfants aiment le changement. Pour cette raison, les textes proposés sont plutôt courts. Ils sont également écrits en gros caractères pour en rendre la lecture plus facile. Les élèves découvrent différentes stratégies de lecture et réalisent une grande variété d'exercices à cet égard.

Les activités, tantôt longues, tantôt courtes, présentent différents degrés de difficulté. La réalité de la salle de classe, où l'élève en difficulté côtoie l'élève qui nécessite de l'enrichissement, est une préoccupation de tous les jours pour les pédagogues d'aujourd'hui. Il devient nécessaire de travailler sur plusieurs tableaux à la fois afin de s'adresser aux différents types d'intelligence[1] et de pouvoir appliquer des notions de différents domaines. Dans ce recueil, la variété des exercices prévaut sur la régularité.

Le but premier des activités est de faire progresser l'élève, de l'amener à mieux comprendre des concepts mathématiques, de développer chez lui des habitudes sociales, de lui faire saisir des notions de sciences et de l'ouvrir au monde des arts et à la technologie... *Par quatre chemins* vise avant tout à fournir des outils à l'élève pour l'amener à cheminer par le biais d'une approche pluridisciplinaire. À l'heure actuelle, on retrouve peu de matériel de ce type sur le marché ; ce recueil vient donc combler un besoin grandissant.

Enfin, il s'avère essentiel que les élèves prennent le virage technologique que la société moderne impose. Les premiers contacts avec l'informatique ou les technologies de la communication seront d'autant plus positifs qu'ils auront été

---

1. La théorie de l'intelligence multiple de Howard Gardner suggère que chaque personne possède fondamentalement sept formes d'intelligence et qu'elle en privilégie quelques-unes. Pour plus de détails, nous vous invitons à consulter le document *Cadre d'élaboration de modules d'apprentissage,* publié par le ministère de l'Éducation et de la Formation de l'Ontario, 1996.

perçus comme des moyens pratiques d'aller chercher de l'information ou de gérer cette information. À cet effet, *Par quatre chemins* tient compte des nouvelles technologies en proposant des exercices simples requérant la manipulation des outils technologiques modernes qui permettront aux adultes de demain d'être mieux armés lorsqu'ils arriveront sur le marché du travail, dans quelques années. Ce recueil va au-delà d'une simple présentation : il dirige l'élève pas à pas pour lui offrir de nouveaux horizons en informatique et l'habiliter à utiliser les nouveaux modes de communication.

Tout au long de ce recueil, la gestion participative, les discussions d'équipe, le transfert des connaissances, le partenariat avec les parents et la communauté s'avèrent des piliers de la réussite de l'intégration des matières. Les mises en situation diversifiées fournissent maintes occasions de stimuler la réflexion de l'enfant, de l'amener à résoudre des problèmes, de développer son esprit de coopération, d'améliorer sa capacité de communiquer, de lui faire prendre conscience de son patrimoine et de la richesse de sa culture et de l'inviter à s'ouvrir à d'autres, autour de lui.

PARTIE 1

Les fondements théoriques

*« Enseigner, c'est montrer ce qui est possible.
Apprendre, c'est rendre possible à soi-même. »*

Paulo Coelho, Le pèlerin

Les principes de base des modules d'intégration

Pour faire de l'expérience d'intégration des matières une réussite, on doit tenir compte de plusieurs principes de base. En voici quelques-uns parmi les plus essentiels.

■ **Les apprentissages doivent se fonder sur des réalités signifiantes pour les élèves.**

Les élèves doivent pouvoir établir des liens entre leur vécu et les notions et thèmes abordés en classe. Les activités proposées doivent chercher à éveiller leur curiosité, et c'est cette dernière qui les pousse à explorer, à trouver l'information nécessaire et à structurer leurs idées en fonction d'un projet précis. Les élèves font preuve d'une plus grande motivation à apprendre parce que le contexte d'apprentissage fait partie de leur propre monde et de leur champ d'intérêt.

■ **L'intégration des matières doit permettre l'inclusion de tous les types d'élèves.**

Peu importe son niveau scolaire ou son origine ethnique, chaque élève possède des habiletés et des aptitudes qui lui sont propres. L'intégration des matières, par le biais du travail sur des projets, amène les élèves à une constante évolution, peu importe leur niveau au départ. Tant les élèves en difficulté que les élèves surdoués explorent des domaines où ils se sentent à l'aise, effectuant des recherches qui leur permettent d'exploiter leurs forces. On retrouvera souvent dans une même équipe des élèves aux connaissances inégales et aux habiletés complémentaires. Le travail en équipe fait naître des amitiés et surgir des talents insoupçonnés. Ce fonctionnement basé sur une entraide permanente favorise le développement de la coopération, qui s'avérera un atout important sur le marché du travail.

■ **Les activités proposées doivent valoriser l'expérience personnelle des jeunes et les encourager à exprimer leurs habiletés et leurs intérêts particuliers.**

Les situations d'apprentissage doivent inviter les élèves à explorer un domaine avec lequel ils se sentent à l'aise. Elles doivent amener les élèves à agir et à interagir avec les autres. Elles doivent donc prendre un caractère suffisamment ouvert pour que les élèves aient la possibilité de s'exprimer sur des sujets variés et de démontrer leur potentiel.

■ **La valorisation de l'ensemble des élèves est primordiale.**

Un objectif principal de l'intégration des matières consiste à chercher avant tout à développer les habiletés des élèves. Il faut louer les efforts des élèves dans leur travail d'exploration, les encourager à relever des défis et leur permettre de savourer leur réussite lorsqu'ils font des découvertes. Pour accroître la confiance en soi, il suffit souvent de chercher la petite étincelle du désir d'apprendre et de souffler dessus pour la transformer en une flamme durable.

■ **Il faut accorder une place importante à l'énoncé des idées et à la confrontation des opinions.**

On sait qu'une des qualités très recherchées dans le monde du travail est l'habileté à communiquer. Dans les discussions d'équipe, les élèves apprennent non seulement à exprimer leur point de vue et à confronter leur opinion, mais également à tenir compte des idées des autres. Ils apprennent à écouter et à faire preuve de respect envers leurs camarades en se conformant aux règles d'une communication efficace. C'est également une occasion en or de cultiver des qualités de chef, en accordant le privilège de mener une discussion.

■ **La présentation des travaux doit encourager la recherche de l'excellence.**

Il y a de quoi s'étonner des talents cachés des élèves. Les projets produisent très souvent un effet de levier remarquable : face à la créativité qu'on observe dans certains projets et à la qualité de la présentation ou du contenu, les élèves perçoivent toutes les possibilités qui s'offrent à eux. Le fait de voir et d'entendre des créations produites par leurs pairs peut stimuler les élèves à réaliser des œuvres de qualité et à trouver des idées innovatrices. Les élèves se mettent à la recherche de ressources nouvelles, d'informations originales et de modes de présentation avant-gardistes. C'est une belle réussite pour une enseignante ou un enseignant d'amener ses élèves à toujours vouloir faire mieux.

■ **Non seulement est-il nécessaire de renseigner les parents, mais il faut également les amener à s'engager dans les apprentissages des élèves.**

Les parents demeurent des partenaires hors pair dans l'évolution scolaire des élèves. Ils sont fiers, bien sûr, du travail accompli par leurs enfants, mais ils désirent aussi ardemment les voir progresser. En règle générale, ils sont prêts à tout mettre en œuvre pour collaborer à la réalisation d'un projet. L'enseignante ou l'enseignant trouve chez ces parents des ressources incroyables dans une foule de domaines que l'école a tout avantage à exploiter. Ce sont des alliés qui détiennent une richesse inouïe.

■ **L'intégration des matières doit amener les élèves à faire des liens.**

Les élèves doivent être en mesure de réinvestir leurs connaissances dans d'autres situations rattachées à leur vécu. Ils doivent pouvoir exercer leurs nouvelles habiletés dans des situations signifiantes. L'enseignante ou l'enseignant doit chercher à « développer chez l'élève la capacité de relier de nouvelles notions à des notions apprises antérieurement et de puiser des idées et des renseignements dans divers domaines pour résoudre des problèmes[1].

■ **L'intégration des matières doit s'ouvrir aux nouvelles technologies**

Les élèves comprennent très bien que les nouvelles technologies peuvent les conduire vers un nouveau monde de connaissances. Leur aisance à assimiler les consignes d'utilisation est surprenante. Leur motivation à apprendre, à chercher et à découvrir est plus grande que jamais. Les nouvelles technologies, qu'il s'agisse du dictionnaire électronique, d'Internet, des cédéroms ou des logiciels, permettent aux élèves de s'engager personnellement dans leur cheminement d'apprentissage. De plus, le marché du travail qui les attend requiert une certaine connaissance de base dans ce domaine. Enfin, la technologie sera peut-être la source de motivation et de valorisation qui maintiendra plus d'une ou d'un jeune au sein du système scolaire. Ces nouvelles technologies offrent aux élèves des ressources incroyables.

Les avantages liés à l'utilisation de l'informatique en ce qui concerne la présentation des travaux ne sont plus à démontrer. Ils pourront inviter les élèves à se surpasser autant dans le contenu que dans la présentation de leurs projets. Il faut encourager les élèves à rechercher l'excellence et à tirer de la fierté de leurs succès. Les possibilités associées aux nouvelles technologies peuvent contribuer à l'atteinte de cet objectif.

---

1. Ministère de l'Éducation et de la Formation de l'Ontario, *Cadre d'élaboration de modules d'apprentissage intégré*, document de travail, janvier 1996.

LES FONDEMENTS THÉORIQUES

Le travail d'équipe : une priorité

Un élément primordial dans le monde du travail d'aujourd'hui et celui de demain est sans nul doute l'habileté à travailler en équipe. À cet effet, les modules d'intégration proposent une gamme de situations dans lesquelles les élèves peuvent communiquer oralement avec leurs pairs. Chaque élève est en mesure de participer activement au sein d'une équipe, de s'ouvrir aux idées des autres, de s'entraîner à la coopération et d'aiguiser son sens des responsabilités. Enfin, les modules fournissent de nombreuses occasions de travailler en équipe, ce qui amène les élèves à faire des compromis, à répartir les tâches équitablement et à remplir leur rôle au sein de l'équipe. Tout en trouvant la place qui leur revient à l'intérieur d'un groupe, ils se dotent d'un atout utile dans toutes les situations : savoir travailler dans le respect des autres.

La gestion du changement

Le monde actuel est en pleine mutation. Chaque jour on fait des découvertes dans tous les domaines. Les gens sont littéralement bombardés sans arrêt d'une quantité incroyable d'information nouvelle. Les élèves n'échappent pas à cette réalité.

Que sera le monde de demain ? Qui le sait véritablement ?

On ne peut concevoir les situations d'apprentissage comme des recettes à suivre à l'aveuglette ni faire des activités des exercices mécaniques sans relation avec le vécu. Les adultes de demain ont besoin d'une formation qui leur permette d'acquérir plusieurs habiletés. Ils devront faire preuve d'imagination et savoir s'adapter. Comme le dit si bien Jacques Salomé : « Plus que du savoir et du savoir-faire, les enseignants de demain devront transmettre du savoir-être et du savoir-devenir[2]. »

Le français avant tout

Afin de développer leurs habiletés de base en français, les élèves doivent avoir des occasions de s'exprimer oralement, de lire et d'écrire dans cette langue, et ce régulièrement. Les exercices doivent leur permettre de s'ouvrir à différents domaines, de s'interroger et d'affirmer leur esprit critique. Les occasions favorisant l'expression de l'élève sous des formes très diversifiées et les thèmes abordés en classe peuvent s'avérer des sources d'inspiration exceptionnelles.

Le choix des textes

Les textes doivent représenter un certain défi pour les élèves tout en correspondant à leur degré de compréhension. Pour assurer le progrès des élèves, il faut prévoir des textes de plus en plus longs et d'une certaine complexité. Il est donc nécessaire de respecter les limites imposées par les capacités de l'élève de la 4e à la 6e année.

Les récits présentés dans ce recueil d'activités transdisciplinaires traitent de sujets familiers et concrets dans une langue qui présente un certain degré de difficulté. Ils tiennent également compte du niveau d'apprentissage de l'élève et de l'évolution visée. On remarquera que, lorsque les sujets débordent les connaissances générales, le langage est plus simple. Il était primordial de s'assurer que les textes étaient accessibles à l'élève de la 4e à la 6e année, compte tenu de ses compétences[3]. Les textes, répétons-le, servent d'éléments déclencheurs et s'avèrent la base même de nos modules d'apprentissage. Par le biais du texte, nous imposons à l'élève une certaine *intention*. Le texte sert également de catalyseur pour stimuler chez l'élève le désir d'en savoir plus et de travailler dans différents domaines. Les classes régulières présentent généralement une hétérogénéité quant au niveau de connaissances des élèves. Afin de répondre aux différents besoins, il peut s'avérer nécessaire de construire différentes versions du même texte.

---

2. HARTING, C. «Selon Jacques Salomé, Les difficultés d'apprentissage sont reliées à des troubles affectifs», *Le Journal de Montréal,* 19 mars 1995, p. 20.

3. Pour nous guider dans le choix de nos textes en regard du degré de difficulté, nous nous sommes grandement inspirés des principes directeurs énumérés dans le programme de français du Québec ainsi que dans *Le Curriculum de l'Ontario* (1997).

Du côté de l'expression orale

Parmi les exercices d'expression orale proposés, on compte des discussions d'équipe et des occasions variées de présentations orales permettant aux élèves de développer plusieurs habiletés essentielles à la communication.

Ainsi, les contextes diversifiés et les occasions fréquentes où les élèves doivent employer un français correct soulèvent chez ces derniers un questionnement face à la langue et la motivation de s'améliorer. Il est important qu'ils en viennent à avoir en tête le souci de bien parler au moment de faire part aux autres de leurs expériences et de leurs sentiments. Il convient également de leur enseigner les règles qui régissent les usages et les conventions en vigueur lors d'une discussion de groupe.

Rappelons qu'un projet n'a de raison d'être que si on peut en communiquer les résultats. En favorisant la diffusion de leurs œuvres et en accordant de l'importance aux présentations orales de leurs travaux, on sensibilise les élèves à la nécessité de soigner leur langage, de tenir compte des destinataires et de construire des bases solides en art oratoire.

Enfin, la promotion de la langue française, on ne saurait trop le répéter, demeure une préoccupation majeure. Comme nous l'avons déjà mentionné, il faut inciter les jeunes à utiliser la langue française dans un contexte où ils peuvent discuter entre eux de sujets qui leur tiennent à cœur.

Du côté de la lecture

Les activités ont comme objectif d'amener les élèves à comprendre des textes de plus en plus complexes et de susciter chez eux le désir de lire régulièrement de leur propre initiative. Les élèves devraient en venir à saisir que les textes fournissent des renseignements intéressants qui les amènent à se poser des questions. En fait, à partir d'un récit comme ceux qu'on retrouve au début de chaque module, les élèves devraient être en mesure de faire un rapprochement avec leur expérience personnelle et leurs connaissances, de se former une opinion et de défendre leur point de vue. De plus, étant choisis en fonction de motiver les élèves à la lecture, les textes ont pour but d'accroître la volonté des élèves de lire à plus long terme ; pour ce faire, ils doivent leur permettre d'aller plus loin que le récit et les amener à s'investir dans une autre activité. Cette façon de faire amène les élèves à exercer leur *intention*. L'*intention* se définit comme la raison qui pousse une personne à choisir une lecture afin de satisfaire un besoin ou un désir[4]. Les activités de chaque module obligent les élèves à chercher de l'information et à sélectionner les éléments en rapport avec le but qu'ils se sont donné.

C'est donc dire que les textes ne sont pas ici des outils d'évaluation, comme c'est trop souvent le cas. Les exercices qui s'y rattachent visent plutôt le développement de stratégies de lecture. À cette fin, Jocelyne Giasson[5] offre un cadre théorique intéressant à partir duquel on exploite différents niveaux de difficulté de lecture de même que diverses stratégies. Les élèves doivent prendre plaisir à lire et, pour ce faire, s'éloigner de la tendance à chercher uniquement la bonne réponse. Ils doivent plutôt réfléchir et établir des liens pour en arriver à se fondre avec l'idée du texte. En utilisant adéquatement les stratégies de lecture, ils sont en mesure de trouver le sens de mots nouveaux, de repérer adéquatement l'information, d'inférer à partir de leur vécu et de faire les liens appropriés. De plus, cette recherche de sens va de pair avec un désir d'exploration : les élèves devinent qu'il y a à l'intérieur de ce texte quelque chose de spécial qu'ils souhaitent connaître.

Cette recherche de sens joue un rôle essentiel dans l'apprentissage de la lecture. On n'insistera jamais assez sur la nécessité de développer la volonté de tirer du texte tout ce qu'il a à offrir. Lorsque les élèves se découvrent une passion pour le sujet d'un texte, déjà une relation sans fin s'établit, car la capacité de lire est une habileté qu'on ne perd jamais... De là l'importance de susciter l'intérêt pour la lecture par des activités appropriées.

---

4. Van GRUNDERBEECK, N., *Les difficultés en lecture,* Boucherville, Gaëtan Morin éditeur, 1994, 159 p.
5. Les livres suivants ont particulièrement influencé le présent ouvrage : *La lecture, de la théorie à la pratique* écrit par Jocelyne Giasson et publié chez Gaëtan Morin éditeur ainsi que *Programme d'intervention auprès des élèves à risque,* chez le même éditeur, dans lequel on retrouve un chapitre sur la lecture rédigé par Jocelyne Giasson.

Malheureusement, à l'âge où beaucoup d'élèves découvrent par eux-mêmes le monde merveilleux de l'écrit, d'autres sont aux prises avec de graves difficultés résultant de différents facteurs (environnement peu stimulant, différence de cultures, lacunes langagières, troubles d'apprentissage, etc.). Au même moment où des élèves ont accès à un monde de plaisir et à une source de connaissances, d'autres ressentent frustration, chagrin et douleur.

Voici quelques moyens pour favoriser le développement de l'habileté à lire chez les élèves qui éprouvent certaines difficultés :

- définir les mots dont ils ne connaissent pas le sens ;
- modifier le texte au besoin afin de l'amener à un niveau de difficulté adéquat ;
- poser des questions amenant les élèves à faire des hypothèses sur le contenu et à prendre des risques ;
- inviter les élèves à encercler le mot le plus important d'une phrase et à s'en faire une représentation mentale ;
- au moyen d'indices, amener les élèves à indiquer la phrase la plus importante de chaque paragraphe et à bâtir progressivement un résumé du texte ;
- demander d'indiquer le nom ou les noms que chaque pronom remplace afin d'inciter les élèves à faire des liens adéquats.

Avant tout, il faut faire naître chez les élèves le sentiment qu'ils ont du talent, qu'ils sont capables de lire et les convaincre que déchiffrer un texte écrit n'est pas si sorcier après tout… Par conséquent, il est primordial que l'enseignante ou l'enseignant sache adapter les textes au niveau de chaque élève et doser judicieusement les difficultés afin que tout le monde se sente valorisé. On doit concevoir la lecture comme un processus actif auquel les élèves participent, d'où l'importance de développer la motivation à lire. Ce n'est que de cette façon que les élèves pourront révéler leur individualité, découvrir des textes façonnés selon leurs goûts, affirmer leur indépendance, saisir tout le pouvoir des mots et s'engager sur le chemin d'une liberté nouvelle.

Du côté de l'écriture

À travers les activités de ce recueil, les élèves sont appelés à utiliser l'écriture en diverses occasions, dans leur vie personnelle comme dans leurs matières scolaires. Il faut tirer profit des nombreuses situations de la vie courante pour amener les élèves à découvrir le plaisir d'écrire.

En incitant les élèves à écrire dans des contextes variés, on leur permet d'acquérir plusieurs habiletés connexes. Ainsi, les élèves augmenteront leur bagage de connaissances de base, apprendront à exprimer leurs sentiments et leurs points de vue et sauront reconnaître et utiliser les différentes formes d'écriture.

Les activités d'écriture ne constituent pas des exercices isolés, mais forment plutôt un tout. Les projets proposés aux élèves doivent correspondre à leur vécu. On peut tirer parti d'une foule de situations qui permettront aux élèves de mieux comprendre le monde qui les entoure, de structurer leurs idées et de tirer de la fierté de leurs productions. Les activités invitent par ailleurs les élèves à utiliser plusieurs produits médiatiques pour rehausser leurs créations, compte tenu des technologies à leur disposition. L'objectif visé est de faire naître chez les élèves le désir d'écrire régulièrement, de leur inculquer le goût d'améliorer leurs textes et de rechercher l'excellence dans la production de leurs projets.

Il demeure toutefois essentiel que les élèves comprennent que leur production écrite, avant même de servir de base à leur évaluation, leur permet d'intégrer une habileté à laquelle ils ont recours dans la vie de tous les jours. Dans ce sens, il est bon de préciser dès le départ les avantages découlant du projet d'écriture. On verra peu à peu apparaître une motivation à mieux écrire qui se traduira par le désir d'améliorer le vocabulaire, d'employer le mot juste, d'enrichir les structures de phrases et de bien présenter les travaux.

Au-delà des lettres, les mots parlent, transforment et font grandir.

À propos des élèves francophones en situation minoritaire

Une question de survie

Les tenants de la survie de la langue française n'ont pas lieu de se réjouir, car malgré l'article 23 de la Charte des droits et libertés qui garantit le droit des francophones à l'éducation dans leur langue, les taux d'assimilation demeurent élevés. En Ontario par exemple, ce taux atteint presque 33 p. cent (selon le recensement de 1986). L'Ontario fait cependant meilleure figure que les provinces de l'Ouest et les deux territoires, où ce taux dépasse 50 p. cent. Dans un tel contexte d'anglicisation, on ne peut faire autrement que de réfléchir à ce que doit véritablement constituer l'école française en milieu minoritaire. Ainsi, comme le disent Théberge et Lenz[6], l'école doit présenter un encadrement entièrement francophone et offrir des activités favorisant le développement de la vie sociale, politique, économique et culturelle de la communauté francophone. Ce n'est que si l'on appuie la langue la plus faible (le français en Ontario, par exemple) que l'on verra surgir un bilinguisme additif chez les membres de la minorité linguistique. Plusieurs types d'école ont vu le jour déjà (école française, école 50/50, école mixte, école à voies multiples) ; cependant, la seule et unique formule qui permette aux francophones de progresser dans leur langue maternelle demeure l'école française avec l'enseignement en français de toutes les matières, exception faite de l'anglais.

L'hétérogénéité linguistique

Dans l'école française en milieu minoritaire, l'élève qui s'exprime aisément en français côtoie des élèves qui peuvent difficilement communiquer dans cette langue.

D'autres élèves parlent un français propre à leur région et d'autres encore viennent de l'extérieur du pays. Cette situation donne lieu à une hétérogénéité linguistique qu'il faut apprendre à percevoir comme une richesse et non comme un inconvénient. N'est-il pas sain de reconnaître la valeur de chaque personne et de permettre à chacune d'apporter sa contribution au milieu ? Par ailleurs, sans cette attitude d'ouverture sur les autres cultures, l'école française en milieu minoritaire s'en irait vers une mort certaine.

On peut envisager le multiculturalisme comme un jardin habité de superbes fleurs, chacune dégageant un parfum particulier et ayant sa personnalité propre. Les couleurs, les textures, la variété des formes de même que l'éclat des espèces brossent un tableau fort complexe mais à la fois d'une grande beauté. Retirer une espèce de ce jardin en diminuerait le charme, la richesse et l'harmonie. Toutefois, l'entretien de ce jardin est tout un défi à relever ! Il est bien certain que le contexte multiculturel oblige à repenser les interventions pédagogiques. La sauvegarde de la langue française en milieu minoritaire repose sur l'ouverture d'esprit des enseignantes et des enseignants comme des élèves et sur des méthodes d'enseignement efficaces.

Les effets sur le plan pédagogique

La situation minoritaire à l'école française porte à une réflexion sur la pratique pédagogique. En effet, il faut privilégier un apprentissage du français qui permette à l'élève de développer les habiletés langagières nécessaires pour employer correctement cette langue et pour l'apprécier. Pour ce faire, il faut dépasser la pédagogie du savoir et mettre l'accent sur une pédagogie du savoir-faire en se servant du français comme d'un moyen de communication avec l'extérieur. Autrement dit, on doit cesser de concevoir la langue française comme un ensemble de règles d'écriture et la présenter comme un moyen de découvrir, de s'informer, d'entrer en communication avec d'autres personnes… La langue est le véhicule qui permet d'entrer en relation avec la dimension culturelle de la communauté.

L'interdisciplinarité en tant qu'ouverture sur le monde

Plus que jamais, il faut faire place à l'interdisciplinarité. L'enseignement du français ne se limite

---

6. THÉBERGE, R. et LENZ, F. «L'enseignement de la langue maternelle aux francophones de milieux minoritaires au Canada» dans GAGNÉ, G., PAGÉ, M. et TARRAB, E. (éd.), *Didactique des langues maternelles. Questions actuelles dans différentes régions du monde*, Bruxelles, université DeBoeck, 11 p.

plus au cours de français. La communication en français et l'apprentissage de cette langue vont bien au-delà des simples règles grammaticales et il importe de placer les élèves dans des situations de communication signifiantes en regard de leur vécu. Cette responsabilité incombe à toutes les enseignantes et à tous les enseignants, quelle que soit leur discipline ; s'ils procèdent autrement, ils favoriseront l'assimilation en démontrant aux élèves que le français est une langue réservée au cours de français, contexte artificiel sans lien avec les situations de la vie courante.

Dans une situation minoritaire et sans soutien adéquat, la langue française meurt rapidement. Comme nous l'avons mentionné précédemment, l'enseignement du français doit ouvrir sur l'extérieur. Or, pour les francophones minoritaires, l'extérieur est sous la coupe de l'anglais. Par exemple, les activités sportives se déroulent en anglais même si un bon nombre des élèves inscrits parlent le français. De même, dans bien des cas, les élèves qui désirent s'informer sur une ville devront se contenter de documents imprimés en anglais seulement. Dans un tel contexte, les enseignantes et les enseignants devront user de ruse et d'imagination pour offrir des activités signifiantes, intéressantes et stimulantes en français et qui ouvrent les portes de la salle de classe. Cependant, c'est là un objectif qu'il est possible d'atteindre. On raconte que dans une école, des élèves de 4e année ont invité madame la mairesse de la ville à répondre à leurs questions. Ils ont discuté longuement avec elle et ont demandé que la ville installe des panneaux en français devant l'école. Dans cette situation concrète, signifiante et motivante, les élèves ont dû travailler dans différents champs d'étude tout en exploitant les différentes stratégies relatives au développement de la langue française. De telles ouvertures sur la vie de tous les jours demeurent nécessaires pour rendre les apprentissages signifiants. Les liens avec la communauté et, par conséquent, l'établissement d'un partenariat solide contribuent à une amélioration de l'apprentissage de la langue française. En cherchant bien, enseignantes et enseignants trouveront sûrement dans leur communauté des contextes d'application du français, des gens qui parlent cette langue et qui jetteront une lumière favorable sur son utilisation.

La promotion de la langue française : une préoccupation constante

Les connaissances, même si elles sont utiles, ne doivent pas prévaloir sur le développement des habiletés. En insistant outre mesure sur la « mécanique de la langue », on amène l'élève à percevoir le français comme une matière sans vie, sans âme, inutile et parsemée d'embûches insurmontables. Et pourtant, cette langue est vivante. Les enseignantes et les enseignants ont la responsabilité de revoir leurs méthodes pédagogiques afin qu'elles deviennent pour les élèves des sources de satisfaction, d'émerveillement et de découvertes.

Il importe de fournir aux élèves de nombreuses occasions de s'exprimer en français entre eux, et non seulement en réponse à leur enseignante ou à leur enseignant. Il arrive très souvent que les élèves des milieux minoritaires s'expriment en anglais dès qu'ils en ont l'occasion, que ce soit dans la cour d'école, dans la rue ou à la maison. Cette situation fait en sorte qu'ils apprennent difficilement le vocabulaire correspondant aux différents domaines de la vie courante. En prévoyant du temps de classe pour la discussion en français, on favorisera l'utilisation des mots appropriés et une plus grande aisance dans le maniement de la langue française. Le travail en équipe incite les élèves à communiquer entre eux et à faire part de leurs opinions. Les discussions se déroulent naturellement en français. De plus, la diffusion des projets donne l'occasion aux élèves de partager avec d'autres groupes, que ce soit par le biais des médias traditionnels ou à partir de moyens technologiques plus récents. Elle représente de plus une belle façon d'élargir l'éventail des produits francophones accessibles à la communauté francophone et de permettre à l'élève de vivre un succès en français.

La langue et son histoire

Enfin, le français a une histoire, la communauté francophone possède une culture et la société actuelle s'appuie sur certaines valeurs. Oublier les valeurs, les racines et l'aspect socioculturel équivaut à renier une composante importante de la langue. On ne peut bien comprendre la langue française que lorsqu'on la voit comme formant un tout. On ne peut la dissocier de sa communauté, des valeurs qui s'y rattachent et de son histoire. Dans la pratique pédagogique, cela se traduit par une recherche sur les personnes qui ont façonné cette histoire ou qui contribuent à l'évolution sociale actuelle sur le plan local, régional, provincial, national ou international. Ces gens qui contribuent à la fierté francophone tant sur les plans historique, politique, scientifique, économique que social portent un nom francophone et ont des antécédents francophones qui transmettent aux élèves le message que les francophones peuvent se démarquer et réussir peu importe le domaine.

Malheureusement, toutes ces données ne se trouvent pas exclusivement dans les livres. Pour bien connaître les faits saillants, on doit se tenir au courant des préoccupations passées et présentes du milieu et, dans bien des cas, l'histoire n'est pas facile à reconstituer. C'est là une tâche fort exigeante pour le personnel enseignant. Pourtant, ce n'est qu'en amenant les élèves à découvrir leur histoire et les exploits des francophones qu'on leur permettra de mieux saisir toute l'ampleur du fait français, de mieux comprendre leurs racines et de communiquer avec fierté en français.

En matière d'évaluation

Les techniques d'évaluation permettent de vérifier dans quelle mesure on a atteint les résultats visés. Elles servent également à tracer un profil de chaque élève, en déterminant les connaissances et les habiletés acquises afin de mieux orienter les moyens d'apprentissage subséquents. Enfin, elles donnent un aperçu de l'évolution de la compréhension de l'élève tout au long de son cheminement pédagogique et permettent de juger de l'efficacité des méthodologies et des stratégies mises en œuvre.

Il y a trois grandes catégories d'évaluation : l'évaluation diagnostique, l'évaluation formative et l'évaluation sommative. Par l'évaluation diagnostique, on vérifie les connaissances préalables chez l'élève à des fins de planification pédagogique. L'évaluation formative permet de porter un jugement sur la performance de l'élève et sert avant tout à l'ajustement des interventions pédagogiques. Quant à l'évaluation sommative, elle sanctionne le degré d'atteinte des résultats d'apprentissage[7].

Nous proposons dans les pages qui suivent quelques exemples de méthodes d'évaluation.

L'autoévaluation

L'autoévaluation donne des indices sur la façon dont les élèves se perçoivent. De plus, elle amène ces derniers à prendre en main leur apprentissage puisqu'ils doivent réfléchir sur leurs forces et leurs faiblesses. La feuille reproductible 1.1 donne un exemple de grille d'autoévaluation des attitudes en situations d'apprentissage. Enfin, l'autoévaluation fournit aux élèves une excellente occasion de se donner un défi et de chercher à s'améliorer dans certains domaines.

Quelques pistes pour l'évaluation en lecture

Un questionnaire peut s'avérer très utile pour vérifier la compréhension en lecture, à l'exemple de ceux qu'on retrouve à la suite du texte dans chaque module. L'enseignante ou l'enseignant peut procéder à l'évaluation à l'aide d'une grille d'évaluation dans le domaine de la lecture (feuille reproductible 1.2). D'un autre côté, pour savoir si une ou un élève lit sur une base régulière, on peut lui demander de remplir un tableau de lecture (feuille reproductible 1.3). Ce tableau donne un aperçu du temps consacré à la lecture ainsi que du genre de textes lus.

Le résumé de livre s'avère également très utile pour cerner les préférences des élèves en lecture et pour vérifier l'aptitude à raconter dans leurs propres mots l'essentiel d'un livre. Le résumé permet également de suivre l'évolution des élèves sur le plan de la lecture. Vous trouverez un schéma de résumé de livre dans la feuille reproductible 1.4. Si des élèves ont besoin de

---

7. Ministère de l'Éducation et de la Formation de l'Ontario, *Cadre d'élaboration de modules d'apprentissage intégré*, document de travail, janvier 1996.

consignes claires pour construire adéquatement leur résumé, on peut leur remettre une fiche de lecture offrant des pistes de questionnement (feuille reproductible 1.5).

On peut également inciter les élèves à décrire leurs lectures et à faire part de leurs découvertes à leurs pairs au moyen d'un journal de bord. Les élèves consignent dans leur journal leurs idées personnelles et leurs réflexions par rapport aux lectures qu'ils ont faites. Ils peuvent ensuite l'échanger contre ceux des autres élèves de la classe. Le journal de bord donne un bon aperçu de la progression de l'élève dans ses lectures tout en lui permettant d'exprimer sa réaction face à un récit. Enfin, l'entrevue individuelle, au cours de laquelle une ou un élève raconte son livre et répond à quelques questions, représente une façon intéressante de vérifier sa compréhension et son intérêt pour la lecture.

L'évaluation de l'écriture

Un des aspects importants à vérifier lorsque les élèves produisent des rédactions est la maîtrise des étapes du processus d'écriture. On trouvera en page 10 la description de ces étapes. Si l'on veut que l'action pédagogique porte des fruits, il est bon de sélectionner certains éléments qui serviront de base à l'évaluation de la production écrite et de ne pas chercher à tout évaluer en même temps. Lorsque plusieurs difficultés surgissent à la fois, il faut amener les élèves à mettre l'accent sur des aspects particuliers. Par exemple, on peut insister pour que les élèves utilisent adéquatement la majuscule et le point lorsqu'ils expriment leurs idées et structurent leurs phrases. Ces deux éléments essentiels étant connus des élèves, on doit en tenir compte dans l'évaluation. On peut également inclure dans l'évaluation des notions spécifiques qui ont déjà fait l'objet d'un apprentissage. Ainsi, si on a étudié l'accord de certains verbes ou les marques du pluriel au cours des dernières semaines, on profitera de l'évaluation pour confirmer l'acquisition de ces notions par les élèves. La feuille reproductible 1.6 représente un exemple de grille d'évaluation dans le domaine de l'écriture élaborée compte tenu de certains éléments choisis. Enfin, les élèves doivent peu à peu devenir responsables de leurs apprentissages. Pour amener les élèves à réfléchir sur les points à améliorer dans leurs écrits et pour les aider à vérifier leurs progrès, il est bon de leur permettre de s'autoévaluer. La feuille reproductible 1.7 fournit un outil à cette fin.

L'évaluation d'un projet

Lorsqu'on évalue un projet, on peut accorder une note à chaque membre de l'équipe ou encore une note globale qui reflétera le travail du groupe. L'important est d'établir dès le départ les critères d'évaluation et de les faire connaître au préalable aux élèves. La feuille reproductible 1.8 est un exemple de grille d'évaluation pour la présentation d'un projet de recherche. Une chose demeure : lorsqu'on procède à une évaluation, il faut bien se rappeler pourquoi on la fait et s'assurer que les élèves connaissent dès le départ les critères et les principes sur lesquels elle se fonde. Il faut poser des exigences avec réalisme et toujours avoir comme objectif d'encourager le progrès des élèves. L'évaluation a un effet direct sur la perception de soi des élèves. Il s'agit d'une tâche à remplir de façon sérieuse et juste. Par conséquent, il faut agir avec bienveillance et faire preuve de jugement professionnel.

La rétroaction

La rétroaction permet aux élèves de reconnaître leurs habiletés et leurs difficultés. C'est dans ce contexte d'engagement envers leurs apprentissages que les élèves explorent des éléments de solution. On peut poser des questions du genre :

- Quelles habiletés avons-nous travaillées ?
- Où as-tu le mieux réussi ? Pourquoi ?
- Qu'est-ce qui t'a le plus aidée ou aidé ?
- Où as-tu eu le plus de difficulté ? Pourquoi ?
- Quel est le travail que tu as le plus aimé ? Pourquoi ?

À l'étape de la rétroaction, on évalue la capacité des élèves de préciser leurs habiletés et leurs difficultés et de les expliquer. Il y a une foule de façons de rédiger un questionnaire de rétroaction ; tout dépend des renseignements qu'on désire obtenir et de la direction dans laquelle on veut amener les élèves. On trouvera dans la feuille reproductible 1.9 un exemple de questionnaire permettant une rétroaction sur un projet effectué en classe.

La rétroaction permet aux élèves de développer un esprit critique face à leur travail et les oblige également à juger de leur performance. Cette technique apporte une quantité incroyable de renseignements et révèle des pistes pour l'amélioration du rendement des élèves. Elle vise également à rendre ces derniers responsables de leurs apprentissages et les amène à s'engager dans le processus pédagogique.

Les enseignantes et les enseignants peuvent aussi tirer profit d'une autre forme de rétroaction. En effet, en invitant les élèves à se prononcer sur des aspects essentiels des actions pédagogiques menées en classe, ils peuvent se réajuster à temps et effectuer les changements nécessaires. La feuille reproductible 1.10 est un exemple de questionnaire de rétroaction sur l'enseignement. Ce n'est qu'en engageant le dialogue avec les élèves et en tenant compte des éléments qu'ils communiquent qu'on arrive à construire les bases solides d'un enseignement efficace.

Étapes du processus d'écriture

1. **La préécriture**

    Les élèves se questionnent sur ce qu'ils veulent produire (l'intention) en tenant compte des destinataires (les personnes à qui s'adresse leur travail écrit). Ils tentent d'émettre le plus d'idées possible par rapport au thème.

    On peut avoir recours à plusieurs techniques pour favoriser l'expression des idées : la tempête d'idées, la musique, des photos n'en sont que quelques-unes.

2. **Le brouillon**

    C'est l'étape de la rédaction du texte. Les élèves s'inspirent des idées formulées à l'étape de la préécriture. Ils écrivent sans s'arrêter pour corriger le texte à mesure, car ce faisant, ils pourraient perdre le fil de leurs idées. Ils respectent les caractéristiques de la forme choisie.

3. **La révision**

    À cette étape, les élèves vérifient l'enchaînement logique de leurs idées et le sens de chaque phrase. Ils relisent le texte pour y apporter les modifications nécessaires et peuvent demander l'opinion d'une ou d'un autre élève. Ils modifient ensuite leur texte à la lumière des recommandations qu'on leur a faites.

4. **La correction**

    Les élèves s'autocorrigent conformément aux conventions de la langue écrite. Ils s'attardent à l'orthographe des mots. Ils vérifient les éléments grammaticaux et revoient la construction des phrases. Après une première correction, ils peuvent travailler deux par deux pour vérifier le texte.

5. **La publication**

    Les élèves écrivent leur texte suivant des consignes préétablies et en fonction du mode de présentation choisi.

LES FONDEMENTS THÉORIQUES

FEUILLE REPRODUCTIBLE 1.1

Autoévaluation des attitudes en situations d'apprentissage

Nom de l'élève : _____

T Très bien   **S** Satisfaisant   **N** Amélioration nécessaire

a) Coopération avec les autres

　　J'attends mon tour dans les activités de groupe.

　　J'écoute les différentes opinions.

　　J'assume la responsabilité du travail qui me revient.

b) Participation en classe

　　Je fais preuve d'intérêt et d'enthousiasme face à l'apprentissage.

　　J'exprime mes opinions.

　　Je demande de l'aide quand j'en ai besoin.

　　Je garde mon sérieux et je me concentre sur le sujet.

c) Habileté à fixer des objectifs pour améliorer mon travail

　　Je détermine les points forts et faibles de mon travail.

　　J'utilise des critères pour évaluer mon travail.

　　Je fais preuve d'autonomie pour établir et atteindre les objectifs.

d) Je respecte les règles de vie de la classe

　　Je résous les conflits de façon positive.

　　Je termine les travaux demandés.

　　Je respecte les échéances des travaux.

　　Je respecte les règlements établis lors des travaux d'équipe.

Feuille reproductible © 1998 Chenelière/McGraw-Hill

FEUILLE REPRODUCTIBLE 1.2

Évaluation dans le domaine de la lecture

Nom de l'élève : _____

Date : _____

Attentes	Niveau 1	Niveau 2	Niveau 3	Niveau 4
Je lis régulièrement des textes.	– rarement – avec de l'aide	– occasionnellement – avec une aide limitée	– régulièrement – de façon autonome – en fonction de buts précis	– très souvent – de façon autonome – en fonction d'une grande variété de buts
Je démontre ma compréhension des textes lus en fournissant des résumés de lecture.	– rarement – avec de l'aide	– occasionnellement – avec une aide limitée	– régulièrement – de façon autonome	– très souvent – de façon autonome
Je choisis des lectures en fonction de mes goûts et je complète mes tableaux de lecture.	– avec de l'aide – de manière incomplète	– avec une aide limitée – assez souvent	– régulièrement – de façon autonome	– de façon autonome et mes tableaux sont remplis d'une manière claire et précise
Je réagis à mes lectures en consignant mes réflexions dans un journal de bord.	– avec de l'aide – avec peu de clarté – en expliquant occasionnellement quelques idées simples	– de façon autonome – de manière assez claire et précise – en expliquant régulièrement une variété d'idées simples	– de façon autonome – de manière claire et précise – en expliquant régulièrement des idées d'une certaine complexité	– de façon autonome – avec clarté, précision et assurance – en expliquant régulièrement des idées complexes
Je tire de l'information de mes lectures et je partage mes découvertes avec mes camarades.	– avec de l'aide – en utilisant un nombre limité de formes de communication	– de façon autonome – en utilisant plusieurs formes de communication	– de façon autonome – en utilisant une variété de formes de communication	– de façon autonome – en fonction d'une variété de formes de communication complexes

Résultat : _____

LES FONDEMENTS THÉORIQUES

FEUILLE REPRODUCTIBLE 1.3

Tableau de lecture

Nom de l'élève : _____

Inscris, chaque jour, le nombre de pages lues, le nombre de minutes consacrées à la lecture, le titre du livre ou du magazine ainsi que ton appréciation (ce que tu as aimé ou pas aimé). N'oublie pas de faire signer tes parents.

Semaine du _____

	Nombre de pages	Nombre de minutes	Titre	Appréciation
Lundi				
Mardi				
Mercredi				
Jeudi				
Vendredi				
Samedi				
Dimanche				

Signature des parents: _____

Semaine du _____

	Nombre de pages	Nombre de minutes	Titre	Appréciation
Lundi				
Mardi				
Mercredi				
Jeudi				
Vendredi				
Samedi				
Dimanche				

Signature des parents: _____

Feuille reproductible © 1998 Chenelière/McGraw-Hill

FEUILLE REPRODUCTIBLE 1.4

Résumé de livre

Nom de l'élève : _____

Titre du livre : _____

Nom de l'auteur : _____

Date : _____

Nombre de pages : _____

Raconte en quelques phrases les principales idées contenues dans ton livre.

_____
_____
_____
_____
_____
_____
_____
_____
_____
_____
_____
_____
_____
_____

As-tu aimé ce livre?   Oui ☐   Non ☐

Pourquoi? _____
_____
_____
_____
_____

FEUILLE REPRODUCTIBLE 1.5

Fiche de lecture

Titre de livre : _____

Nom de l'élève : _____

Date : _____

Dans ce livre, on parle de :

_____

_____

_____

_____

_____

Le livre commence comme ceci :

_____

_____

_____

_____

Voici ce qui s'est passé :

_____

_____

_____

_____

Voici comment se termine le livre :

_____

_____

_____

_____

Feuille reproductible © 1998 Chenelière/McGraw-Hill

FEUILLE REPRODUCTIBLE 1.6

Évaluation dans le domaine de l'écriture

Nom de l'élève : _____ Projet d'écriture : _____ Résultat : _____

Attentes	Niveau 1	Niveau 2	Niveau 3	Niveau 4
Je rédige des phrases où j'utilise correctement les pronoms personnels sujets et compléments.	– rarement – avec de l'aide	– occasionnellement – avec une aide limitée	– régulièrement – de façon autonome	– très souvent – de façon autonome
Je rédige un texte où j'emploie correctement, en me servant de tableaux de conjugaison, les verbes avoir et être et les verbes réguliers en *er*.	– rarement – avec de l'aide – en faisant plusieurs erreurs graves	– occasionnellement – avec une aide limitée – en faisant plusieurs erreurs mineures	– régulièrement – de façon autonome – en faisant quelques erreurs mineures	– très souvent – de façon autonome – en ne faisant presque pas d'erreurs
Je structure mes idées de façon cohérente et je les regroupe de façon appropriée.	– avec de l'aide – de manière incomplète	– de façon autonome et avec ordre	– de façon autonome et d'une manière appropriée et logique	– de façon autonome et d'une manière appropriée et logique – en fonction d'une grande variété de buts
Je rédige un texte dont les idées sont liées au sujet en fonction de mon intention et des destinataires.	– avec peu de clarté – en expliquant occasionnellement quelques idées simples	– de manière assez claire et précise – en expliquant régulièrement une variété d'idées simples	– de manière claire et précise – en expliquant régulièrement des idées d'une certaine complexité	– avec clarté, précision et assurance – en expliquant régulièrement des idées complexes
Je compose un texte en respectant les conventions linguistiques étudiées : – faire l'accord des noms au pluriel en expliquant régulièrement une variété d'idées simples ; – utiliser correctement les adjectifs possessifs.	– en n'appliquant que quelques-unes des conventions linguistiques étudiées	– en appliquant au moins la moitié des conventions linguistiques étudiées	– en appliquant la plupart des conventions linguistiques étudiées	– en appliquant toutes les conventions linguistiques étudiées

Feuille reproductible © 1998 Chenelière/McGraw-Hill

FEUILLE REPRODUCTIBLE 1.7

Autoévaluation dans le domaine de l'écriture

Nom de l'élève : _____

	Oui	Non
1. J'utilise bien la majuscule et le point.	☐	☐
2. Je vérifie l'orthographe des mots.	☐	☐
3. J'utilise des ouvrages de référence.	☐	☐
4. Je repère convenablement le verbe. (Je marque la terminaison du verbe en rouge.)	☐	☐
5. Je reconnais les marques du féminin. (J'indique les marques du féminin en jaune.)	☐	☐
6. Je reconnais les marques du pluriel. (Je colorie en vert les marques du pluriel.)	☐	☐
7. J'utilise des synonymes.	☐	☐
8. J'utilise des mots-liens (et, parce que, mais, avec, dans...).	☐	☐
9. J'utilise des pronoms (afin d'assurer la continuité entre les phrases).	☐	☐
10. J'ai rédigé trois paragraphes.	☐	☐
11. J'ai une phrase d'introduction.	☐	☐
12. Je termine par une conclusion.	☐	☐

Feuille reproductible © 1998 Chenelière/McGraw-Hill

FEUILLE REPRODUCTIBLE 1.8

Évaluation d'un projet de recherche

Nom de l'élève : _____

Titre du projet : _____ Résultat : _____

Attentes	Niveau 1	Niveau 2	Niveau 3	Niveau 4
Partie écrite Présentation générale : Je soigne la disposition de mon projet : page de titre, table des matières, introduction, développement, conclusion et bibliographie.	– avec de l'aide – peu de clarté – de manière incomplète	– avec une aide limitée – de manière assez claire et précise – avec ordre	– de façon autonome – de manière assez claire et précise – avec ordre et logique	– de façon autonome – avec clarté et précision – avec ordre, logique et assurance et en fonction d'une grande variété d'éléments
Contenu : J'ai approfondi le sujet et je démontre une certaine compréhension des éléments présentés.	– avec de l'aide – j'explique quelques idées simples – compréhension limitée	– avec une aide limitée – j'explique une variété d'idées simples – compréhension limitée	– de façon autonome – j'explique des idées d'une certaine complexité – compréhension générale	– de façon autonome – j'explique des idées complexes – compréhension complète
Je structure mes idées de façon cohérente et je les regroupe de façon appropriée.	– avec de l'aide – de manière incomplète	– de façon autonome et avec ordre	– de façon autonome et d'une manière appropriée et logique	– de façon autonome et d'une manière appropriée et logique – en fonction d'une grande variété de buts
J'intègre des éléments visuels.	– très peu d'éléments visuels appropriés	– quelques éléments visuels appropriés	– plusieurs éléments visuels appropriés	– grande variété d'éléments visuels appropriés
Qualité de la langue écrite : J'emploie un vocabulaire correct, précis et varié et je respecte les conventions linguistiques étudiées.	– rarement – avec de l'aide – en faisant plusieurs erreurs graves	– occasionnellement – avec une aide limitée – en faisant plusieurs erreurs mineures	– régulièrement – de façon autonome – en faisant quelques erreurs mineures	– très souvent – de façon autonome – presque sans erreurs
Partie orale Exposé clair et intéressant : voix forte, bonne prononciation, gestes appropriés.	– rarement	– occasionnellement	– régulièrement	– très souvent et avec assurance
Exposé oral : J'emploie un vocabulaire correct, précis et varié et je respecte les conventions linguistiques étudiées.	– rarement – avec de l'aide – en faisant plusieurs erreurs graves	– occasionnellement – avec une aide limitée – en faisant plusieurs erreurs mineures	– régulièrement – de façon autonome – en faisant quelques erreurs mineures	– très souvent – de façon autonome – presque sans erreurs

Feuille reproductible © 1998 Chenelière/McGraw-Hill

FEUILLE REPRODUCTIBLE 1.9

Je veux connaître ton opinion

Titre du projet : _____
Nom de l'élève : _____

1. Est-ce que tu as aimé faire ce projet ? Pourquoi ?
   _____
   _____

2. Qu'est-ce que ce projet t'a appris ?
   _____
   _____

3. Si c'était à refaire, recommencerais-tu l'expérience ?
   _____
   _____

4. Qu'est-ce que tu as trouvé difficile dans ce projet ? Pourquoi ?
   _____
   _____

5. Qu'est-ce que tu as aimé ? moins aimé ?
   _____
   _____

6. Comment pourrait-on améliorer ce projet ?
   _____
   _____

Feuille reproductible © 1998 Chenelière/McGraw-Hill

FEUILLE REPRODUCTIBLE 1.10

Dis-moi ce que tu en penses...

Nom de l'élève : _____

Pour chacun des éléments présentés, donne ton opinion en indiquant un chiffre de l'échelle de satisfaction suivante :

    (1) Insatisfaisant

    (2) Satisfaisant

    (3) Très satisfaisant

    (4) Excellent

1. Quantité de devoirs et de leçons à la maison _____

2. Progression sur le plan scolaire _____

   Dans quelle matière as-tu le plus progressé ? _____

3. Disponibilité de ton enseignante ou de ton enseignant _____

4. Satisfaction quant à la résolution des conflits à l'école _____

5. Respect de tes besoins _____

6. Mesure dans laquelle on a tenu compte de ton opinion pour organiser les activités de la classe _____

Réponds maintenant aux questions suivantes :

Qu'aimes-tu le plus en classe ?

_____

_____

Qu'est-ce qui devrait changer, selon toi ?

_____

_____

Feuille reproductible © 1998 Chenelière/McGraw-Hill

Le succès : une question de partenariat

L'importance d'informer les parents

Les parents ne demandent pas mieux que de connaître les activités scolaires et les travaux auxquels participent leurs enfants. Voici une des difficultés que les parents mentionnent souvent au sujet des projets :

Notre enfant nous dit à la dernière minute qu'il doit remettre son projet le lendemain.

Il devient désespérant pour l'enseignante ou l'enseignant de voir une ou un élève oublier constamment les travaux à remettre. C'est également désagréable pour le reste de l'équipe lorsqu'un de ses membres ne s'acquitte pas de ses responsabilités. Une façon de favoriser une meilleure planification du travail consiste à faire signer aux élèves un contrat dans lequel ils s'engagent à remettre le travail après un certain délai et où apparaissent les principales caractéristiques du projet. On demande ensuite aux parents de signer ce contrat pour s'assurer qu'ils sont bien au courant de la démarche de leur enfant et pour vérifier si elle est réaliste compte tenu des délais et des ressources qu'elle nécessite.

Cette méthode, très simple, permet une meilleure communication d'abord entre l'enfant et ses parents et ensuite entre les parents et le milieu scolaire. On trouvera un exemple de contrat dans la feuille reproductible 1.11.

Un autre moyen qui peut s'avérer très utile pour informer les parents sur les activités de la classe est le plan de travail (feuille reproductible 1.12). Le plan de travail contient la liste de toutes les activités de la semaine, ce qui permet une planification plus efficace des activités familiales. Il n'est pas rare que des élèves connaissant la date d'une sortie ou d'un cours particulier décident d'effectuer certains travaux à l'avance.

On peut également envoyer aux parents une lettre d'information indiquant les activités réalisées, le thème étudié en classe et les objectifs poursuivis afin de les renseigner adéquatement sur ce qui se passe dans le monde scolaire de leur enfant. Un exemple de lettre apparaît dans la feuille reproductible 1.13 Une bonne communication permet également de mieux connaître ce qu'offre la communauté et incite les parents à proposer aux enseignantes et aux enseignants des ressources auxquelles ils ont accès et qui peuvent compléter judicieusement l'enseignement.

La communication régulière avec les parents importe également pour signaler des cas particuliers : un travail n'a pas été remis ou bien il est nécessaire de revoir à la maison certaines notions avec l'enfant. La feuille reproductible 1.14 donne un exemple de ce genre de communication. En outre, on ne saurait trop insister sur l'importance de la rétroaction des parents. En effet, le fait de connaître l'opinion des parents sur les actions entreprises en classe et de se renseigner adéquatement habilite les enseignantes et les enseignants à mieux se réajuster. La rétroaction entraîne parfois des réponses susceptibles d'appuyer la progression pédagogique de l'élève. On trouvera à la feuille reproductible 1.15 un exemple de lettre invitant les parents à commenter l'année scolaire et, à la feuille 1.16, un questionnaire au sujet d'éléments qui leur tiennent à cœur.

En fait, en informant les parents, on leur permet de s'outiller pour mieux comprendre le système scolaire et agir dans la même direction que l'enseignante ou l'enseignant. Ils pourront l'épauler, par exemple, dans sa recherche de solutions concernant l'emploi du temps d'une ou d'un élève et la planification de ses activités. Ils pourront s'arrêter afin de discuter avec leur enfant des sujets qui l'intéressent et des ressources à sa disposition pour mener à bien ses projets.

Le partenariat est une source de compétences d'une valeur inestimable. Par-dessus tout, il favorise la création de liens entre la maison et l'école desquels naîtra une précieuse collaboration.

FEUILLE REPRODUCTIBLE 1.11

Contrat de recherche

Recherche

Ta recherche devra porter sur un moyen de communication ou sur une invention.

Ta présentation doit inclure les éléments suivants :

– la date de la création de l'invention ;

– une brève biographie de l'inventrice ou de l'inventeur ;

– la façon dont cette invention a changé le monde ;

– l'utilité et l'évolution de cette invention au fil des ans.

Tu devras présenter ta recherche devant la classe en utilisant les moyens de ton choix.

Tu devras pouvoir fournir les sources de renseignements utilisées (par exemple, le titre de l'encyclopédie utilisée, etc.).

Contrat

Nom : _____

Je ferai une recherche sur _____

Nom des autres membres de l'équipe : _____

Titres des livres où je puiserai mes informations : _____
_____
_____

Autres sources d'informations que j'utiliserai : _____
_____
_____

Moyen que je compte employer pour la présentation du projet : ___
_____
_____

Je compte avoir terminé le _____

Signature de l'élève : _____

Signature du parent : _____

Feuille reproductible © 1998 Chenelière/McGraw-Hill

FEUILLE REPRODUCTIBLE 1.12

Plan de travail

Nom de l'enseignante ou de l'enseignant : _____

Année : _____   Semaine du _____

FRANÇAIS

Atelier d'écriture : _____
_____

Habileté à lire : _____

Notions grammaticales : _____

MATHÉMATIQUES

Notions : _____

Exercices : _____
_____

SCIENCES ET TECHNOLOGIE

_____
_____

SCIENCES HUMAINES

_____
_____

ANGLAIS

_____
_____

Projets en cours et autres renseignements :
_____
_____

Défi personnel : _____

N'oublie pas de faire 20 minutes de lecture par jour, de remplir ton tableau de lecture et de faire signer tes parents.

Nom de l'élève : _____

Signature du parent : _____

Feuille reproductible © 1998 Chenelière/McGraw-Hill

FEUILLE REPRODUCTIBLE 1.13
Lettre d'information aux parents

Chers parents,

Au cours des prochaines semaines, votre enfant participera à un projet très spécial. En effet, plusieurs thèmes touchant les personnes âgées seront à l'étude et différentes activités permettront d'étudier divers éléments du programme de façon interdisciplinaire. Le point culminant de cette expérience sera sans doute notre rencontre avec des personnes âgées.

Voici les grandes lignes de ce projet :

1. Sensibilisation au monde du troisième âge :
   - ouverture face aux sentiments éprouvés par une personne âgée ;
   - étude d'un poème écrit par une vieille dame ;
   - maladies rattachées au troisième âge ;
   - nutrition et longévité ;
   - besoins particuliers.

2. Préparation de l'entrevue :
   - étude de différentes façons de formuler des questions ;
   - apprentissage de techniques facilitantes pour la collecte d'informations lors des discussions ;
   - conduite d'une entrevue à partir de mises en situation ;
   - intégration de la lecture, de l'écriture et des notions grammaticales (principalement l'utilisation des adverbes et des phrases interrogatives).

3. Retour :
   - préparation d'un compte rendu écrit de l'entrevue (par exemple, un article de journal) ;
   - utilisation de supports visuels ;
   - création d'une émission de radio étudiante relatant les faits marquants de notre sortie ;
   - lettres de remerciement aux résidants et aux responsables de l'établissement.

Cette sortie sera une occasion unique de travailler des notions scolaires de façon bien vivante tout en progressant sur le plan moral et sur celui de la communication.

Mes amicales salutations,

FEUILLE REPRODUCTIBLE 1.14

ATTENTION!

Date : _____

Votre enfant _____ a eu quelques difficultés lors de l'activité d'évaluation en _____. Il serait important de revoir certaines notions. Une reprise de cette évaluation aura lieu dans les prochains jours.

Merci de votre collaboration.

Signature du parent : _____

ATTENTION!

RETARD

Date : _____

Nom de l'élève : _____

Travail demandé : _____

Merci de votre collaboration.

Signature du parent : _____

Feuille reproductible © 1998 Chenelière/McGraw-Hill

Lettre de fin d'année

Chers parents,

Voilà ! C'est déjà l'été… Une autre année scolaire vient de se terminer. J'espère que vous l'avez appréciée autant que moi. Je tiens à vous remercier pour votre générosité, pour votre précieuse collaboration et pour l'appui que vous avez fourni tout au long de ces dix mois. Vos encouragements et le travail à la maison ont permis une meilleure progression scolaire de votre enfant. C'est tellement important de pouvoir compter sur vous !

Je vous demande maintenant de bien vouloir répondre au questionnaire que je vous soumets. Il me sera d'une grande utilité pour orienter mes futures interventions pédagogiques.

Je vous souhaite un bel été !

Bonnes vacances !

Mes amicales salutations,

FEUILLE REPRODUCTIBLE 1.16

Questionnaire à l'intention des parents

Nom de votre enfant : _____

Pour chacun des critères présentés, donnez votre opinion en indiquant un chiffre de l'échelle de satisfaction suivante :

        (1) Non satisfaisant
        (2) Satisfaisant
        (3) Très satisfaisant
        (4) Excellent

1. Quantité de devoirs et de leçons à la maison _____

2. Progression sur le plan scolaire _____

   Dans quelle matière votre enfant a-t-il le plus progressé ? _____

3. Disponibilité de l'enseignante ou de l'enseignant _____

4. Satisfaction quant à la résolution de conflits à l'école _____

5. Respect des besoins de votre enfant _____

6. Mesure dans laquelle on a tenu compte de votre opinion dans les améliorations à apporter à la classe _____

Répondez maintenant aux questions suivantes :

Qu'avez-vous le plus aimé au cours de l'année scolaire ?

_____

_____

Qu'est-ce qui devrait changer, selon vous ?

_____

_____

Signature : _____

Feuille reproductible © 1998 Chenelière/McGraw-Hill

Pour favoriser le partenariat avec la communauté

Bon nombre de parents ne demandent pas mieux que d'offrir leurs services à l'école. Il y a également, dans la communauté, une variété de personnes ressources disponibles pour une foule d'occasions. Avoir recours à ces gens est une excellente façon de combler des besoins et de rattacher le monde scolaire aux multiples domaines de la réalité. Le bénévolat deviendra de plus en plus populaire dans les écoles, car c'est une occasion en or de mettre à profit le potentiel de certaines personnes, surtout à une époque où il faut faire plus avec un budget plus restreint. Par contre, il est essentiel que le bénévolat demeure un service complémentaire qui vient enrichir le climat de l'école. Sans jamais remplacer les services existants, il accroît énormément la qualité de vie de l'école, d'une part, en donnant l'occasion aux élèves de côtoyer des gens de la communauté et, d'autre part, en accordant à ces derniers une chance unique de communiquer leur savoir-faire. Le bénévolat, en tant que geste libre et gratuit, s'avère un acte généreux qui enrichit énormément les personnes qui s'y adonnent.

En revanche, il faut respecter certains principes de base pour que l'expérience soit profitable. Toute personne bénévole doit faire preuve d'une certaine maturité, de respect et d'amour pour les enfants afin de travailler dans une école et de contribuer à la qualité de vie des élèves. Elle peut participer à différentes activités selon sa disponibilité et ses habiletés. Voici quelques exemples :

- activités de lecture chez les plus jeunes ;
- préparation de matériel pédagogique ;
- escorte lors de voyages éducatifs ;
- travail à la bibliothèque ;
- artisanat ;
- informatique ;
- soutien administratif ;
- travail d'apprentissage ;
- organisation d'activités spéciales telles que le carnaval d'hiver, la journée de la rentrée scolaire et les voyages éducatifs.

Une publicité adéquate permettra de recruter des personnes bénévoles compétentes. Vous trouverez dans la feuille reproductible 1.17 un exemple d'annonce incitant des gens du milieu à s'engager dans la vie scolaire et, dans la feuille 1.18, un exemple de lettre destinée aux parents de l'école qu'on peut accompagner d'une inscription à une banque de ressources (feuille reproductible 1.19). Enfin, bien des adultes ne demandent pas mieux que de rendre service à la communauté en contribuant de leurs talents et de leur temps. Une formation adéquate de ces gens peut s'avérer déterminante pour le succès de l'expérience.

La formation des personnes bénévoles

On sait que le partenariat avec les parents peut s'avérer une ressource inestimable. Il faut cependant bien préparer ces personnes qui offrent généreusement de leur temps et qui partagent leurs talents. À l'heure actuelle, la majorité d'entre elles ne connaissent même pas les procédures à suivre en cas d'incendie à l'école. Elles sont le plus souvent démunies face aux élèves présentant des problèmes de comportement. Il faut comprendre que ce n'est pas par manque de bonne volonté ; le phénomène du bénévolat a rapidement pris de grandes proportions et on n'a simplement pas eu le temps nécessaire pour répondre adéquatement aux nouveaux besoins qu'il entraîne.

Les écoles donnent peu ou pas de formation aux personnes bénévoles, ce qui est une grave erreur. Il est essentiel que les personnes qui consacrent généreusement de leur temps et qui font profiter le milieu scolaire de leurs habiletés reçoivent les connaissances de base appropriées. Cette formation peut permettre de prévenir de vilains incidents mettant en cause les personnes bénévoles, les élèves dont l'école est responsable et le système scolaire, qui est censé en assurer la gestion.

Est-ce que les bénévoles connaissent les procédures à suivre en cas d'incendie ? Savent-ils comment réagir face à un enfant turbulent ? Connaissent-ils la politique concernant les gens étrangers à l'école ? Leur a-t-on présenté le personnel et les ressources disponibles ? Ont-ils accès à une formation pédagogique qui les rendrait plus compétents ?

Voilà autant de questions qui suscitent une certaine réflexion. Dans les années à venir, on devrait assister à une recrudescence des offres de services de bénévoles dans différents organismes communautaires. Il va de soi que les mesures prises à l'échelle politique aident à répandre ce phénomène. Il sera d'autant plus nécessaire de bien gérer cette nouvelle ressource pour canaliser adéquatement les énergies et en faire profiter le système scolaire. Par conséquent, il est souhaitable de former les personnes œuvrant à titre de bénévoles. Au départ, il est nécessaire de bien expliquer ce à quoi s'engage la personne bénévole de façon à éviter les surprises. Une fois les choses bien claires, on pourra élaborer des projets avec des gens fiables et engagés. À cet effet, l'école pourrait fournir un guide du bénévolat qui définirait clairement les rôles et les responsabilités de chaque intervenante et de chaque intervenant et qui renseignerait sur les éléments importants.

Quelques aspects à aborder lors de la formation des bénévoles

Chaque personne bénévole discute de l'horaire avec la ou le responsable du bénévolat. Si elle ne peut respecter son engagement, elle doit en informer la ou le responsable au plus tôt et au moins 24 heures à l'avance autant que possible.

Il faut s'assurer que la personne qui offre ses services présente certaines qualités, entre autres aimer les enfants, avoir le souci de la langue française, montrer une motivation à apprendre et faire preuve de patience. Il importe de lui faire connaître certains aspects rattachés à l'organisation tels que la structure du milieu scolaire, la mission de l'école et du système scolaire, le code de vie, les responsabilités des personnes bénévoles, l'encadrement des élèves, la politique antitabac. Il est bon d'insister sur les différentes questions relatives à la sécurité :

- le port de la carte d'identification ;
- les consignes en cas d'incendie ;
- la politique concernant les gens étrangers à l'école ;
- les mesures à prendre en cas d'accident.

■ Une classe adaptée à l'intervention de bénévoles

On entend parfois des commentaires peu élogieux à l'égard des personnes qui sont censées venir aider dans les classes. Quelquefois, l'enseignante ou l'enseignant se retrouve paradoxalement avec un surplus de stress et de tâches. Comme s'il y avait une ou un élève de plus en classe !

Il est possible d'éviter les situations désagréables. Voyons quelques mesures de prévention.

Une rencontre initiale

Il est bon que l'enseignante ou l'enseignant rencontre la personne bénévole avant qu'elle commence à travailler en classe et prenne le temps de lui expliquer clairement en quoi consistera sa tâche. La rencontre permet de vérifier la compétence et la motivation de la personne bénévole. C'est une occasion de lui témoigner de la reconnaissance pour le temps et les efforts qu'elle consacre aux élèves.

Une bonne organisation

Rien n'est plus déplaisant qu'une personne qui ne sait pas à quoi s'occuper en classe. L'enseignante ou l'enseignant ne dispose que de très peu de temps pour répondre aux questions des élèves ou pour les assister dans leur travail. Afin de rendre plus efficaces les périodes où l'on bénéficie de l'aide de personnes bénévoles, il s'avère utile de noter à l'avance les tâches qu'elles peuvent remplir. Si c'est de la lecture, préciser s'il y a lieu l'heure de cette activité, sa durée, l'élève à accompagner, etc. La personne bénévole peut disposer d'un coin bien à elle où elle trouvera les activités à faire à son arrivée en classe, simplement en vérifiant le contenu d'une fiche de travail remplie au préalable. De cette façon, si elle se présente au beau milieu d'une leçon, elle ne causera pas d'interruption inutile.

Une communication efficace

On doit faire en sorte que la personne bénévole se sente appuyée. Il est important de l'encourager. Les tâches qu'elle remplit et la façon dont elle s'y prend doivent faire l'objet d'une réévaluation afin de vérifier si elles répondent aux besoins des élèves et subiront un ajustement s'il le faut. Il peut très bien arriver que le travail ne corresponde pas aux attentes ; il ne faut donc pas hésiter à préciser ces attentes. Le cas échéant, il faudra orienter la personne-ressource vers un domaine où elle serait plus utile ou refuser ses services.

En dernier lieu, mentionnons qu'il s'avère capital que les personnes intéressées, avant d'entreprendre toute forme de bénévolat dans une école, subissent obligatoirement certains tests médicaux (par exemple, de tuberculose) et fassent l'objet d'une recherche d'antécédents judiciaires.

Sur le plan social, les personnes bénévoles doivent recevoir les mêmes égards de la part des élèves que le personnel régulier. Elles devraient pouvoir assister à certaines séances de formation offertes au personnel. Il est primordial de bien les informer sur la vie en milieu scolaire et de leur rappeler, si nécessaire, la mission et les objectifs de l'école. Il faut également s'assurer que le personnel les soutient par une collaboration bienveillante. Enfin, il est important de reconnaître l'énorme contribution des bénévoles et de leur rendre hommage chaque année, car « en allant vers les autres, le bénévole pose un acte de foi en l'humanité et un acte d'espérance en un monde meilleur[8] », ce qui est grandement apprécié de nos jours.

---

8. AYOUB, J., « Le défi de la mi-carrière », Montréal, *La Presse*, 18 février 1996.

FEUILLE REPRODUCTIBLE 1.17

Nous avons besoin de votre aide!

Le bénévolat, un bel exemple de partenariat

Plus que jamais, les membres de la communauté ont l'occasion de contribuer à la qualité de l'éducation et peuvent participer activement à la vie scolaire en s'engageant à donner de leur temps et en partageant leurs talents. Voici une occasion en or de mettre à profit un potentiel caché et de créer des liens avec des gens riches d'expériences et de compétences. Le bénévolat est un service complémentaire qui vient enrichir le climat de l'école. Sans remplacer les services existants, il accroît énormément la qualité de vie de l'école, d'une part, en donnant l'occasion aux élèves de côtoyer des gens de la communauté et, d'autre part, en accordant à ces derniers une chance unique de communiquer leur savoir-faire. Le bénévolat, en tant que geste libre et gratuit, s'avère un acte généreux qui enrichit énormément les personnes qui s'y adonnent.

Aimez-vous travailler avec les enfants ? Êtes-vous une personne attentive à leurs besoins, heureuse de partager leurs joies, leurs inquiétudes, leurs peines... ? Êtes-vous enthousiaste à l'idée d'œuvrer en collaboration avec des enseignantes et des enseignants ?

Toute personne bénévole doit faire preuve d'une certaine maturité, de respect et d'amour pour les enfants afin de travailler à notre école et contribuer à la qualité de vie de nos élèves. Vous pouvez participer à différentes activités selon votre disponibilité et vos habiletés :

- activités de lecture chez les plus jeunes ;
- préparation de matériel pédagogique ;
- accompagnateur lors de voyages éducatifs ;
- travail à la bibliothèque ;
- artisanat ;
- informatique ;
- soutien administratif ;
- travail d'apprentissage ;
- projets spéciaux ;
- activités spéciales ;
- autres.

Nos enfants vous tendent la main.
Soyez des nôtres !

Feuille reproductible © 1998 Chenelière/McGraw-Hill

Exemple de lettre aux parents (bénévolat)

Chers parents,

La présente est pour vous informer que notre école est ouverte aux compétences et aux expériences des parents et des gens de la communauté. Nous croyons que vos enfants, nos élèves, pourraient en profiter et c'est pourquoi nous aimerions mettre sur pied une banque de personnes-ressources.

Ces personnes (parents, grands-parents, voisines et voisins, gens de l'entourage) pourraient apporter leur contribution à la vie de la classe ou de l'école en participant, à l'occasion ou de façon régulière, selon nos besoins et leur disponibilité, à diverses activités. Nous sommes conscients que tous les parents ne peuvent collaborer de la même façon de leur précieux temps. Cependant, vous pouvez nous aider à accéder à une richesse offerte par la diversité de la collectivité en complétant le questionnaire ci-joint.

Votre collaboration serait un atout pour mettre de la vie dans notre école et la rendre encore plus dynamique.

Nous vous prions de recevoir nos salutations distinguées.

(Nous remercions Mme Anne Quevillon, directrice de l'école élémentaire publique l'Odyssée, de nous avoir permis de s'inspirer de sa lettre.)

FEUILLE REPRODUCTIBLE 1.19

Inscription à la banque de personnes-ressources

Cochez les domaines dans lesquels vous désirez offrir de l'aide, animer un atelier ou faire une présentation. Nous vous prions également d'indiquer le nom et les coordonnées des personnes prêtes à faire du bénévolat ainsi que d'inscrire leurs compétences ou leurs champs d'intérêt.

Nom : _____

Adresse : _____ Téléphone : _____

1. Activités reliées aux apprentissages scolaires

- ❏ lecture chez les plus jeunes
- ❏ informatique
- ❏ physique
- ❏ biologie
- ❏ astronomie
- ❏ plantes
- ❏ technologie
- ❏ environnement
- ❏ étude du corps humain
- ❏ roches et minéraux
- ❏ eau
- ❏ météorologie
- ❏ électronique
- ❏ utilisation des médias
- ❏ minéraux
- ❏ mécanique
- ❏ espace
- ❏ relations sociales
- ❏ métiers et professions (spécifiez) _____
- ❏ autre (spécifiez) _____

2. Savoir-faire et habiletés

- ❏ danse
- ❏ poterie
- ❏ menuiserie
- ❏ tricot
- ❏ couture
- ❏ bricolage
- ❏ artisanat
- ❏ théâtre
- ❏ chant
- ❏ instrument de musique
- ❏ art oratoire
- ❏ horticulture
- ❏ sport
- ❏ peinture
- ❏ autre (spécifiez) _____

3. Présentation d'objets

- ❏ œuvres d'art
- ❏ antiquités
- ❏ collections
- ❏ jeux

Feuille reproductible © 1998 Chenelière/McGraw-Hill

FEUILLE REPRODUCTIBLE 1.19 (SUITE)

4. Narration de voyages
❏ pays visités (spécifiez) _____
❏ provinces visitées (spécifiez) _____
❏ villes visitées (spécifiez) _____

5. Relations que vous pouvez établir avec
❏ centre d'accueil   ❏ artistes
❏ hôpital   ❏ équipes sportives
❏ pompiers   ❏ banque ou caisse populaire
❏ policiers   ❏ médias
❏ gouvernement municipal   ❏ ambulanciers
❏ gouvernement provincial   ❏ entreprises
❏ gouvernement fédéral

6. Soutien
❏ création et montage de jeux éducatifs ou de matériel pédagogique
❏ aide à la bibliothèque
❏ aide au laboratoire informatique
❏ activités de financement
❏ travail au secrétariat
❏ entraînement d'une équipe sportive (spécifiez) _____

7. Autres habiletés ou connaissances à partager
_____
_____
_____
_____

(Nous remercions M. Réjean Desjardins de nous avoir permis de nous inspirer de son questionnaire. Il fût conçu suivant les principes énoncés dans CARON, Jacqueline, *Quand revient septembre*, Montréal, Les Éditions de la Chenelière, 1994.)

Feuille reproductible © 1998 Chenelière/McGraw-Hill

Les nouvelles technologies au service de l'éducation

Des élèves de la 4ᵉ à la 6ᵉ année sur Internet

Les enfants adorent ce qui sort de l'ordinaire. L'intégration des nouvelles technologies aux différents sujets d'apprentissage modifie leur intérêt dans le domaine scolaire. L'autoroute électronique s'avère à la fois un outil de recherche et un moyen idéal de communication. C'est une belle façon de s'ouvrir sur le monde et de franchir les frontières du connu.

Les enfants communiquent avec des gens de différents pays. Certains parents font parvenir de courts messages en classe. Un échange de résumés de livres a lieu par le biais du courrier électronique, ce qui permet de découvrir de nouveaux auteurs. Enfin, les élèves peuvent faire connaître les résultats de leurs recherches. Et quelle richesse d'information accessible instantanément… ! Quelle ouverture sur l'univers fascinant de la communication et des nouvelles technologies ! Que de questions et d'intérêt !

L'utilisation de l'autoroute électronique permet d'amener les élèves à s'engager dans leur cheminement d'apprentissage. C'est bien compréhensible, puisque l'informatique n'a rien de monotone et permet de relever des défis et de s'approprier un nouveau domaine de connaissances.

L'évolution des nouvelles technologies n'a pas fini d'étonner. Avec Internet, les élèves plongent dans une expérience pratique de communication, de recherche et de partage… N'est-ce pas extraordinaire ? La motivation que ce réseau suscite permet de les intéresser davantage au monde scolaire tout en développant des habiletés qui leur seront fort utiles, pour ne pas dire indispensables, dans le monde du travail. Les élèves n'ont pas à attendre à la fin de leur secondaire pour obtenir la stimulation que procure l'accès à cette formidable ressource.

Des difficultés fréquentes et des éléments de solution

■ **Il y a peu d'ordinateurs adéquats.**

Pour résoudre un problème de cet ordre, on peut avoir recours aux éternelles campagnes de financement. Ce n'est pas forcément l'enseignante ou l'enseignant qui s'acquitte de ce travail. Des parents démontrent de grandes habiletés au point de vue de l'organisation d'activités et peuvent prendre en charge la majeure partie du travail. Certains connaissent probablement des entreprises capables d'offrir leur appui financier ou savent faire en sorte d'obtenir le soutien d'un commanditaire. Les comités de parents habituellement très dynamiques endossent généralement une telle cause en autant qu'on leur en démontre la pertinence et l'utilisation que l'on fera des fonds générés.

On peut également profiter des ordinateurs et logiciels disponibles pour les écoles et offerts par Industrie Canada[9]. Même s'ils ne conviennent plus au travail effectué dans les différents ministères d'où ils proviennent, ils peuvent être d'une très grande utilité en classe. Enfin, certaines écoles fournissent des reçus aux fins de l'impôt pour les dons de matériel informatique, ce qui incite les personnes et les entreprises à leur confier le matériel dont ils ne se servent plus.

■ **Les enseignantes et les enseignants manquent de connaissances techniques pour exploiter efficacement les ressources informatiques.**

Il faut d'abord vérifier si le conseil scolaire requiert les services d'une personne ressource dont la tâche consiste justement à fournir du soutien à ses écoles. Certaines sessions de formation peuvent probablement avoir lieu si on en fait la demande. Cependant, les gens les plus susceptibles d'aider les enseignantes et les enseignants demeurent leurs collègues. On repère vite les gens mordus de l'informatique. Il ne faut pas avoir peur d'établir des liens et d'aller de l'avant pour demander des renseignements ou pour apprendre.

Enfin, lors de la rencontre avec les parents, il faut profiter de l'occasion pour mentionner les désirs et les besoins de la classe en ce domaine, en ce qui a trait tant au matériel qu'aux personnes-

---

9. Industrie Canada, programme d'ordinateurs pour les écoles (Computer for School), tél. : (613) 941-4975.

ressources nécessaires. Il est étonnant de constater à quel point la réponse des parents est vigoureuse. Il faut oser aller chercher l'expertise et provoquer les occasions de s'en servir.

Il ne faut surtout pas oublier que dans toutes les écoles, il y a des élèves qui sont de véritables expertes ou experts de l'informatique et qui ne demandent pas mieux que de faire part de leurs connaissances.

Le monde des nouvelles technologies n'a pas fini de nous étonner. Le partage en est l'élément clé.

- **N'ayant pas d'ordinateur à la maison, les enseignantes et les enseignants ne disposent pas de suffisamment de temps pour apprendre les logiciels et en connaître les possibilités au point de vue pédagogique.**

Plusieurs écoles offrent au personnel enseignant la possibilité d'emprunter les ordinateurs et le matériel informatique disponibles pendant les fins de semaine et les congés. La direction y voit deux avantages principaux : c'est une occasion en or d'offrir du perfectionnement gratuit à son personnel tout en minimisant les risques de se faire voler des équipements coûteux lorsque l'école n'est pas occupée.

- **Enseigner à toute une classe le fonctionnement d'un nouveau logiciel quand on ne dispose que d'un seul ordinateur, comment est-ce possible ?**

Il devient difficile d'enseigner à toute une classe particulièrement avec un nombre réduit d'ordinateurs. On peut toujours dresser devant le groupe les grandes lignes permettant l'utilisation du moyen technologique choisi (logiciel, recherche sur Internet, courrier électronique...), mais les élèves ne seront satisfaits que lorsqu'ils pourront toucher eux-mêmes au clavier.

Une solution consiste à enseigner un logiciel à deux élèves, qui l'enseigneront à leur tour à deux autres élèves. Dans le temps de le dire, toute la classe aura eu accès à l'ordinateur et saura utiliser le nouveau logiciel.

Si l'enseignante ou l'enseignant a un horaire souple et selon la disponibilité du laboratoire d'informatique, il peut être fort avantageux d'engager les parents dans ce processus. En effet, s'il faut que les élèves soient accompagnés d'une ou d'un adulte pour travailler au laboratoire d'informatique, le partenariat avec la communauté sera un outil indispensable pour accroître l'accessibilité de cette ressource. Une simple annonce glissée dans le journal de l'école peut être d'un grand secours pour recruter des personnes ressources en informatique. On trouvera dans la feuille reproductible 1.20 un exemple d'une telle annonce.

- **Il y a des dangers associés à l'utilisation d'Internet.**

On a facilement accès à des documents peu recommandables sur Internet. Il serait toutefois malheureux de s'empêcher pour cette raison de se servir de cet outil moderne. Par conséquent, en faisant signer un contrat à l'élève et en engageant les parents par écrit, on fait plus que se protéger légalement, on les renseigne aussi sur les attentes et les responsabilités rattachées à l'utilisation d'Internet. La feuille reproductible 1.21 contient un exemple de contrat d'utilisation d'Internet.

- **On rencontre de plus en plus d'enseignantes et d'enseignants qui découvrent le moyen de progresser à l'ère de l'informatique et qui mettent tout en action pour se tenir à jour dans ce domaine même si la réalité leur présente des obstacles. Certaines ressources ne coûtent rien.**

Prendre le virage technologique : quand on veut, on peut...

Recherchons internaute

Vous aimez les défis ?

Vous avez le goût de vous engager dans un projet innovateur ?

Vous savez comment utiliser Internet ?

Et vous adorez travailler avec les enfants ?

Si le bénévolat vous intéresse et que vous pouvez nous accorder quelques heures par semaine, vous êtes la personne que nous recherchons.

Prière de communiquer avec le secrétariat de l'école le plus tôt possible.

FEUILLE REPRODUCTIBLE 1.21

Contrat d'utilisation d'Internet

L'Internet peut être considéré comme une source essentielle d'information sur une foule de sujets. Par conséquent, on peut trouver des textes, des effets sonores, des photographies, des cartes et des enregistrements visuels de toutes sortes.

Pour avoir le privilège d'utiliser l'Internet, tu dois respecter certains règlements de base :

1. Tu dois avoir la permission de l'adulte qui te supervise pour envoyer du courrier électronique et t'assurer de toujours utiliser un langage approprié.

2. Tu ne peux accéder qu'aux sites inscrits dans le marqueur (*bookmark*) ou qu'à ceux approuvés par l'adulte qui te supervise. Avant de visiter un autre site, ou bien pour utiliser un outil de recherche (chercheur), tu t'assures d'en avoir la permission.

3. Si toutefois tu découvres de l'information qui n'est pas appropriée, tu dois en aviser immédiatement la personne responsable de ta supervision.

Je m'engage à respecter les règlements ci-dessus. Si je ne respecte pas ces règlements, je perdrai les privilèges d'utiliser l'Internet.

Date : _____

Signature de l'élève : _____

Signature du parent : _____

Feuille reproductible © 1998 Chenelière/McGraw-Hill

Résumé d'un projet réalisé sur Internet avec des élèves de 5ᵉ année

■ D'abord, une recherche

Les élèves ont effectué une première recherche dans le domaine des sciences. Plus précisément, le sujet devait être soit un organe du corps humain, soit une invention.

Dans le cas de l'organe du corps humain, les élèves devaient déterminer son importance, élaborer sur son fonctionnement et enfin traiter des maladies qui peuvent l'atteindre. Pour l'invention, les élèves devaient parler de l'inventrice ou de l'inventeur et de la façon dont l'invention a révolutionné le monde. Ils devaient également indiquer de quelle manière cette invention a évolué au fil du temps. Le travail devait se faire en équipe de trois ou quatre élèves.

Les élèves ont, pour la plupart, rédigé une première recherche sur traitement de texte. Ce faisant, plusieurs ont expérimenté des méthodes assez inusitées pour des élèves de 5ᵉ année, par exemple l'utilisation d'un convertisseur numérique pour faire un montage avec la photo d'une élève combinée à un dessin des muscles du corps.

Par la suite, les élèves ont présenté leur projet à la classe. Celui-ci a fait l'objet d'une première évaluation en fonction de critères spécifiques : contenu, structure, originalité, qualité de la présentation et propreté. Les élèves ont également profité de l'occasion pour s'exercer à l'art oratoire.

■ Apprentissage d'un nouveau logiciel

Les élèves ont appris à utiliser le logiciel *File Maker Pro* afin de faire un résumé de leur recherche. Ils ont dû créer de nouvelles fiches et apprendre le fonctionnement des liens entre les fiches. Même si toutes et tous les élèves se sont servis de ce logiciel pour faire part des données de leur recherche, il fallait se limiter à dix sujets à explorer sur Internet. La sélection a donc suivi un processus démocratique. Les élèves ont visionné tous les résumés et ont voté.

Étant donné l'enthousiasme qu'ils mettaient à ce projet, c'est très rapidement et avec beaucoup d'application que les élèves ont préparé un résumé sur *File Maker Pro*. Ils devaient également rédiger des questions et élaborer les réponses en rapport avec leur sujet et provoquer une certaine interaction dans le monde d'Internet. Il a été facile d'enseigner ce logiciel, car après que j'ai donné un bref aperçu de son utilisation à l'ensemble de la classe, deux élèves ont agi comme tutrices et tuteurs pour faire part de leurs connaissances à deux autres, puis ceux-ci à d'autres et ainsi de suite. On a donc retenu l'approche coopérative dans ce cas-ci.

Les enfants se sont vite approprié ce logiciel et pouvaient l'utiliser avec très peu de supervision. Toutefois, la collaboration de parents bénévoles participant activement à notre projet a été fort utile pour guider les élèves dans leurs écrits ou pour leur permettre d'avoir accès au laboratoire d'informatique, étant donné que les règlements de l'école exigent la supervision d'une personne adulte en tout temps.

Puisque la sauvegarde des documents se fait automatiquement, il s'avérait très sécuritaire de laisser travailler les élèves. Cependant, puisque nous ne disposions pas toujours des mêmes ordinateurs, il était prudent de sauvegarder les données sur disquette. Deux responsables s'acquittaient de ce devoir de façon admirable.

■ Répartition des tâches

Les élèves devaient également répartir les responsabilités entre eux compte tenu des habiletés de chaque membre de l'équipe. Certains ont effectué des dessins que nous avons fait convertir numériquement. D'autres se sont chargés de faire un plan qui présenterait le projet sur la page WEB de l'école. Le point crucial a sans doute eu lieu lorsqu'on leur a expliqué comment leur projet pouvait se retrouver sur Internet. Plusieurs élèves ont participé à la recherche d'adresses électroniques à l'aide d'un chercheur sous la supervision de parents bénévoles. Enfin, d'autres élèves ont suivi les différentes étapes de mise à jour de notre concours, utilisant le langage spécialisé d'Internet (HTLM, FC32, Eudora et Netscape).

Enfin, c'était toujours excitant de recevoir du courrier et de se rendre compte que d'autres personnes s'intéressaient à notre projet. À voir l'ardeur que les élèves mettaient à répondre, on constate qu'il est très facile de créer des liens avec le courrier électronique et un projet de ce type. Ce projet sur Internet fut réalisé dans le cadre du Programme de Rescol à la source du Rescol canadien. Ce programme offre 300 $ pour la mise en œuvre des projets d'apprentissage interactifs sur Internet développés par des enseignants et des étudiants canadiens. On peut visiter le site Web de Rescol à la source au : http://www.rescol.ca/alasource.

■ **Les recherches sur Internet et la gestion des questions et des réponses**

Une fois par semaine, nous diffusions un bref résumé de la recherche ainsi que quelques questions s'y rapportant. La semaine suivante, on donnait les réponses aux questions et le nom des personnes qui avaient relevé notre défi avec succès.

Encore une fois, des parents bénévoles sont venus aider les élèves à faire des recherches sur Internet et ont visité des sites se rapportant aux sciences. Les élèves ont vécu une belle initiation à la recherche par ordinateur et une ouverture sur le monde. Ils ont pu découvrir Internet en tant qu'outil de communication et comme moyen d'accéder à de l'information.

■ **Interactivité**

Un projet de cette envergure ne laisse pas l'école et les parents indifférents. Les élèves des autres classes ont entendu parler de notre projet et ont même participé en répondant aux questions. Étant donné que des élèves de la classe ont développé une expertise sur Internet, ils ont servi de personnes ressources pour d'autres classes et ont pu enseigner les rudiments de base d'Internet. Les enfants étaient très enthousiastes tout au long du projet, particulièrement lorsqu'ils ont vu leurs résumés de recherche, les dessins et surtout la photo de la classe sur Internet. Cependant, leur joie était à son comble quand ils ont constaté que différentes personnes avaient répondu au concours. Ils ne pouvaient attendre pour leur écrire un petit mot.

L'objectif principal de notre projet était de s'ouvrir à la communauté en offrant aux parents la possibilité de s'engager activement dans les activités de la classe et également de démystifier le monde de l'informatique et d'Internet en les utilisant comme outils pédagogiques. Nous avons reçu une réponse plus que favorable des parents. Des professionnels nous ont offert de leur temps et de leur énergie pour faire comprendre les avantages des logiciels et d'Internet. Ce projet nous a permis de vivre une extraordinaire expérience de partenariat.

Plusieurs enseignantes et enseignants ont été sensibilisés à l'utilisation d'Internet, et ont manifesté le désir de voir notre réalisation. Certains élèves d'autres classes ont également participé aux défis proposés et ont par le fait même été des éléments catalyseurs pour leur entourage. Il va sans dire qu'une telle initiative n'a rien de tel pour la promotion des nouvelles technologies et pour intéresser les parents à ce qui se passe en classe.

■ **Recommandations**

On ne devient pas internaute du jour au lendemain et sans aucune préparation. À plus forte raison, on n'écrit pas une page WEB sans support matériel ni ressource humaine. Toute la classe a vécu une expérience inoubliable et extrêmement formatrice, mais en même temps, a dû fournir un travail impressionnant. Même si on a le plaisir d'intégrer de multiples domaines pédagogiques en y greffant les nouvelles technologies, il n'en faut pas moins passer beaucoup de temps à se préparer et à maîtriser des notions à première vue inconnues. Il reste que grâce à cette expérience précieuse de nombreux élèves ont pu entrevoir les possibilités d'Internet. Le but était d'engager les jeunes vers ce nouveau monde et sur ce point le projet fut une réussite totale !

Voici un bref aperçu de ce projet tel qu'il apparait sur Internet à l'adresse :

http://www.schoolnet.ca/grassroots/web sites/martine

LES FONDEMENTS THÉORIQUES

43

Sciences à découvrir

Les élèves de 5e année de la classe de madame Martine Leclerc vous invitent à participer à leur nouveau concours. Il s'adresse plus spécialement aux élèves de 4e, 5e et 6e année mais tout le monde peut y participer. Chaque semaine, nous vous donnerons un résumé d'un projet que des élèves ont présenté en salle de classe. Le concours débute cette semaine et se poursuivra jusqu'à la fin de mai pour un total de six semaines. Les thèmes choisis se rapportent aux inventions ou à un aspect du corps humain. Nous donnerons quelques informations puis nous poserons quelques questions.

Règles du jeu

Vous avez une semaine pour y répondre, soit avant neuf heures le mercredi matin de la semaine suivante. Nous vous demandons de spécifier votre nom, votre adresse électronique et votre niveau scolaire. Et comme nous sommes bien curieux, nous voulons aussi connaître le nom de votre école et la ville où vous habitez. Le nom des gagnants ainsi que les réponses aux questions seront affichés la semaine suivante.

Le corps humain	Les inventions
Défi – Corps 1	Défi – Invention 1
Défi – Corps 2	Défi – Invention 2
Défi – Corps 3	Défi – Invention 3

Amusez-vous bien!

PARTIE 1

Netscape: Le cerveau

Location: http://www.schoolnet.ca/grassroots/websites/martine/cer.html

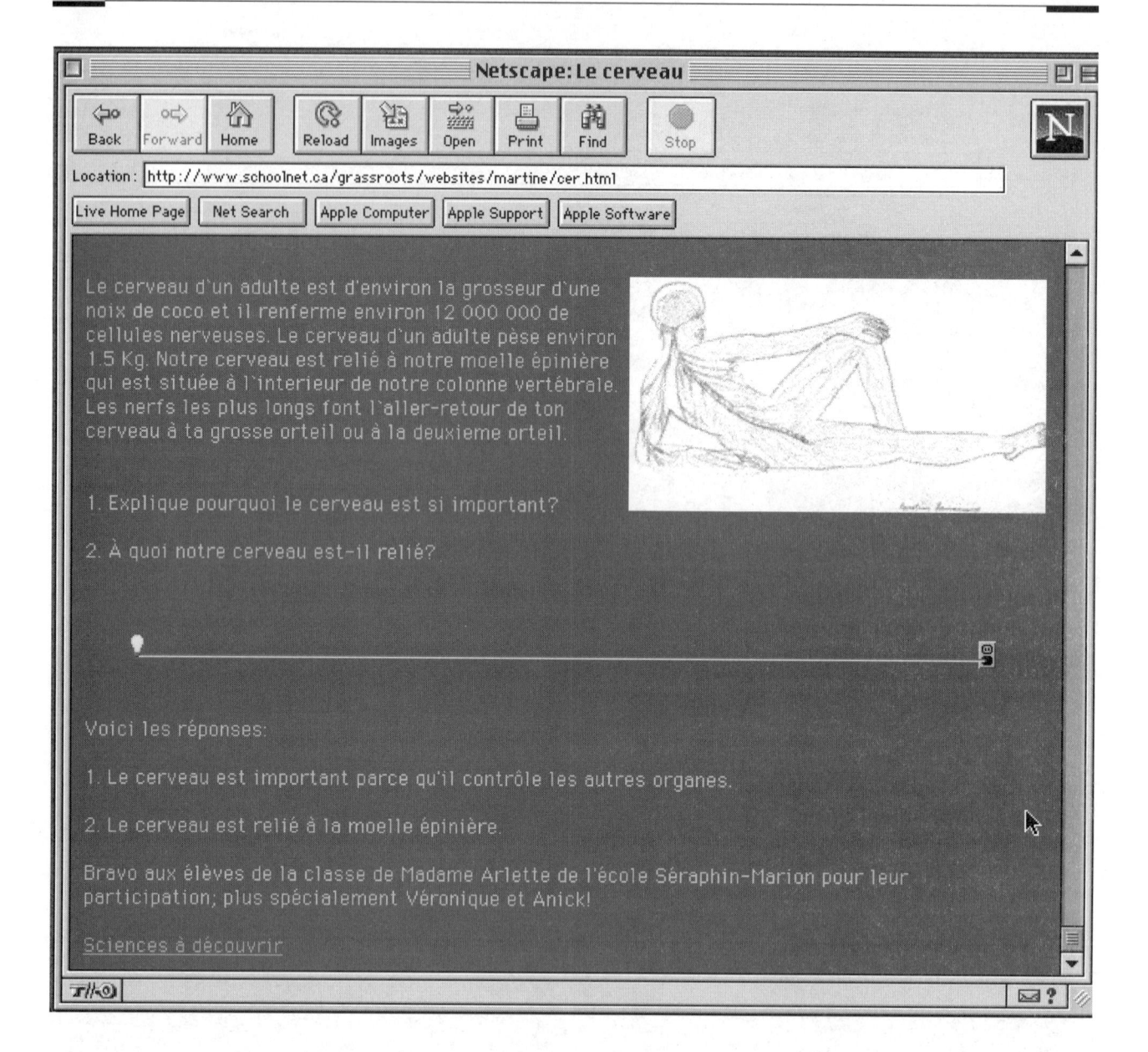

Le cerveau d'un adulte est d'environ la grosseur d'une noix de coco et il renferme environ 12 000 000 de cellules nerveuses. Le cerveau d'un adulte pèse environ 1.5 Kg. Notre cerveau est relié à notre moelle épinière qui est située à l'intérieur de notre colonne vertébrale. Les nerfs les plus longs font l'aller-retour de ton cerveau à ta grosse orteil ou à la deuxième orteil.

1. Explique pourquoi le cerveau est si important?

2. À quoi notre cerveau est-il relié?

Voici les réponses:

1. Le cerveau est important parce qu'il contrôle les autres organes.

2. Le cerveau est relié à la moelle épinière.

Bravo aux élèves de la classe de Madame Arlette de l'école Séraphin-Marion pour leur participation; plus spécialement Véronique et Anick!

Sciences à découvrir

Sciences à découvrir

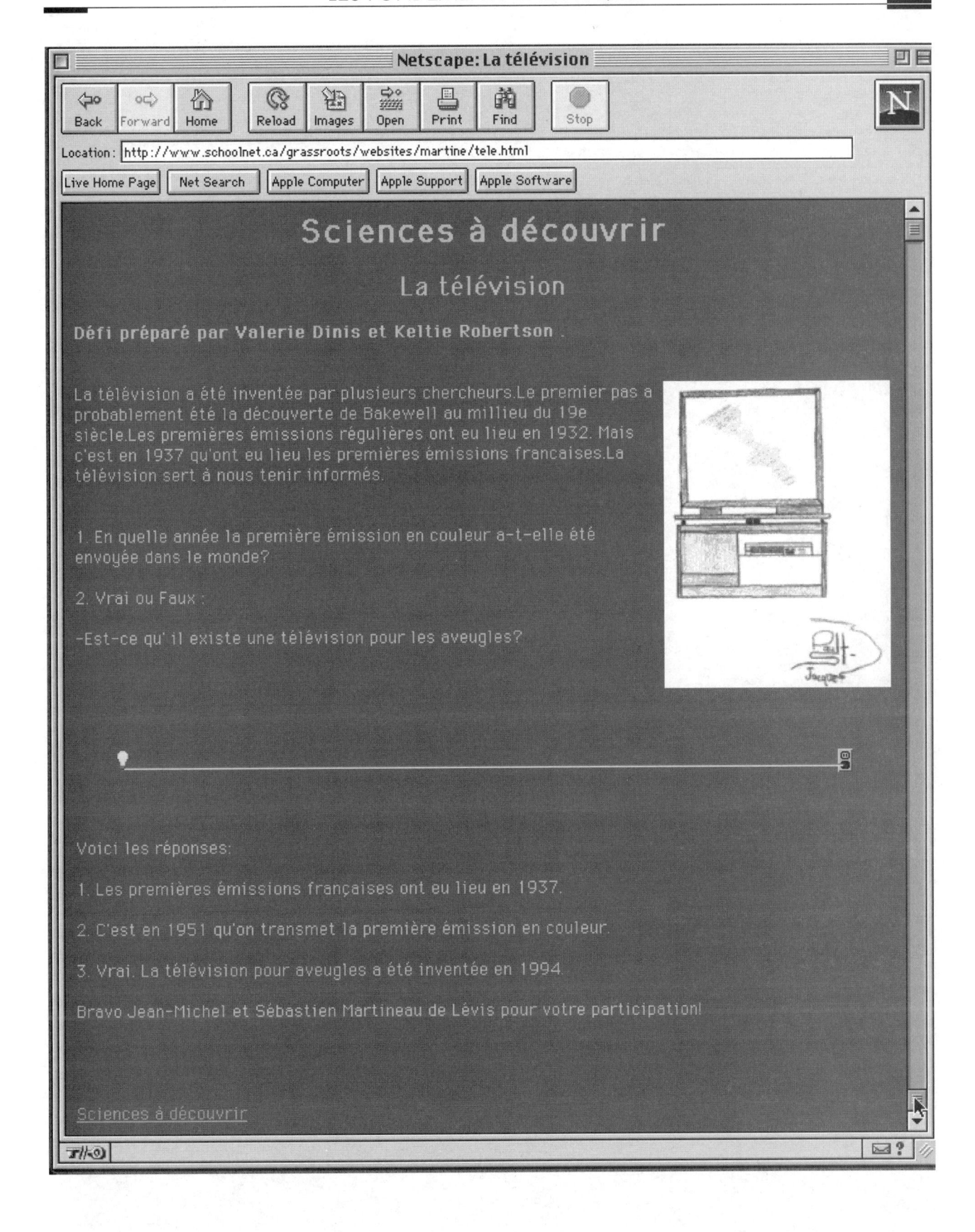

La télévision

Défi préparé par Valerie Dinis et Keltie Robertson.

La télévision a été inventée par plusieurs chercheurs. Le premier pas a probablement été la découverte de Bakewell au millieu du 19e siècle. Les premières émissions régulières ont eu lieu en 1932. Mais c'est en 1937 qu'ont eu lieu les premières émissions francaises. La télévision sert à nous tenir informés.

1. En quelle année la première émission en couleur a-t-elle été envoyée dans le monde?

2. Vrai ou Faux :

-Est-ce qu'il existe une télévision pour les aveugles?

Voici les réponses:

1. Les premières émissions françaises ont eu lieu en 1937.

2. C'est en 1951 qu'on transmet la première émission en couleur.

3. Vrai. La télévision pour aveugles a été inventée en 1994.

Bravo Jean-Michel et Sébastien Martineau de Lévis pour votre participation!

Sciences à découvrir

Sciences à découvrir

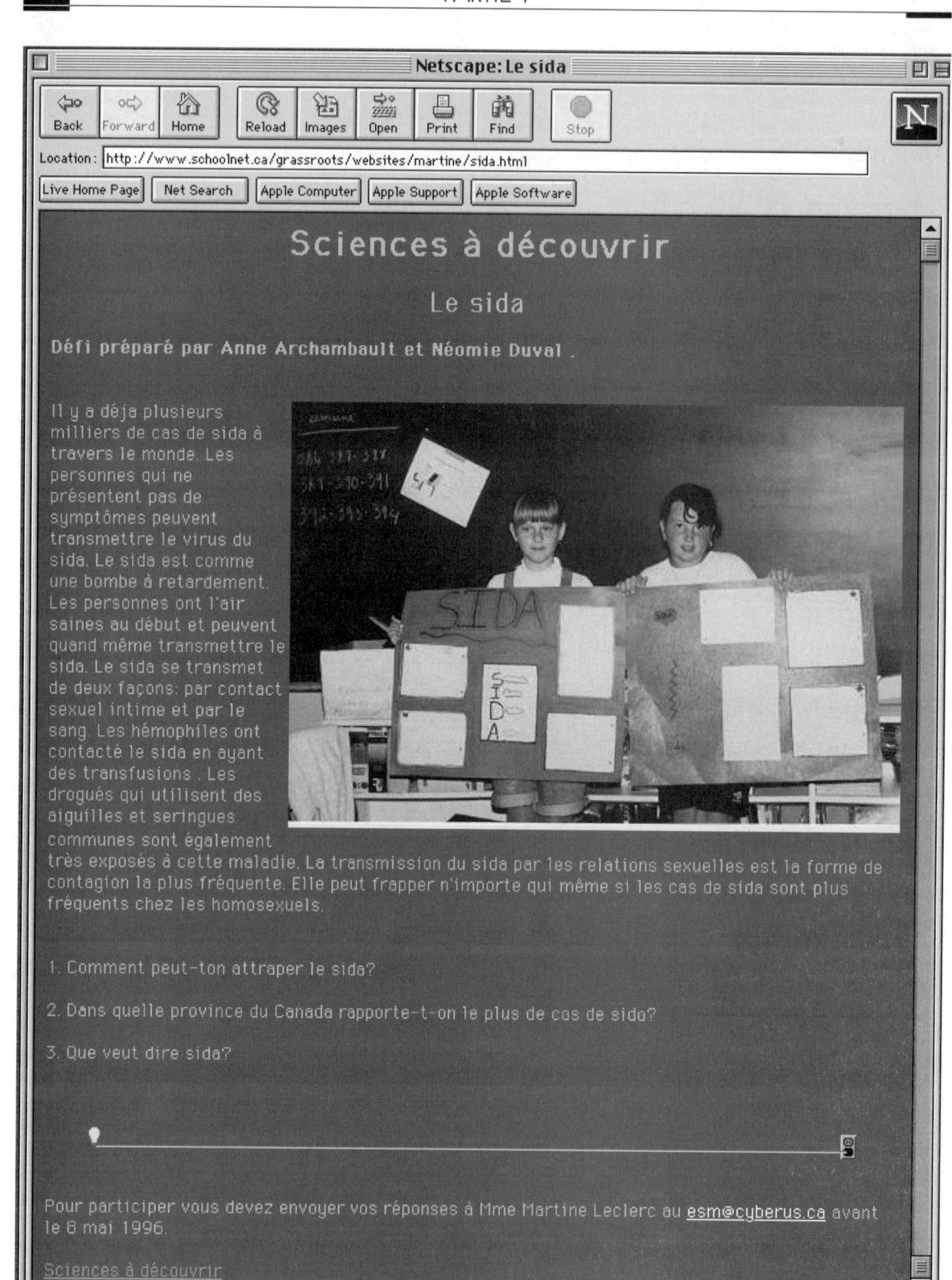

Le sida

Défi préparé par Anne Archambault et Néomie Duval.

Il y a déjà plusieurs milliers de cas de sida à travers le monde. Les personnes qui ne présentent pas de symptômes peuvent transmettre le virus du sida. Le sida est comme une bombe à retardement. Les personnes ont l'air saines au début et peuvent quand même transmettre le sida. Le sida se transmet de deux façons: par contact sexuel intime et par le sang. Les hémophiles ont contacté le sida en ayant des transfusions. Les drogués qui utilisent des aiguilles et seringues communes sont également très exposés à cette maladie. La transmission du sida par les relations sexuelles est la forme de contagion la plus fréquente. Elle peut frapper n'importe qui même si les cas de sida sont plus fréquents chez les homosexuels.

1. Comment peut-ton attraper le sida?

2. Dans quelle province du Canada rapporte-t-on le plus de cas de sida?

3. Que veut dire sida?

Pour participer vous devez envoyer vos réponses à Mme Martine Leclerc au esm@cyberus.ca avant le 8 mai 1996.

Sciences à découvrir

LES FONDEMENTS THÉORIQUES

47

Netscape: L'ordinateur

Location: http://www.schoolnet.ca/grassroots/websites/martine/ordi.html

Sciences à découvrir

L'ordinateur

Défi préparé par Dominique et Jordan.

La personne qui a inventé le premier ordinateur est Charles Babage qui était un mathématicien anglais. Celui qui a programmé le premier ordinateur se nomme Ada Byron; il est née en 1815 et est décédé en 1852. Dans l'avenir, les connaissances des ordinateurs seront aussi développées que celles de nos savants actuels. Certains ordinateurs seront spécialisés en mathématiques et dans d'autre jeux. Le premier ordinateur pouvait effectuer 500 additions à la seconde ce qui est très vite mais ce n'est rien comparé à que les ordinateurs peuvent accomplir aujourd'hui.

1. Que signifie le mot ROM?

2. Combien de calcul pouvait effectuer le premier ordinateur?

3. Combien de mètres mesurait le premier ordinateur?

Pour participer au concours, vous devez répondre avant 9 heures mercredi de la semaine prochaine, soit le 5 juin 1996.

...pour participer

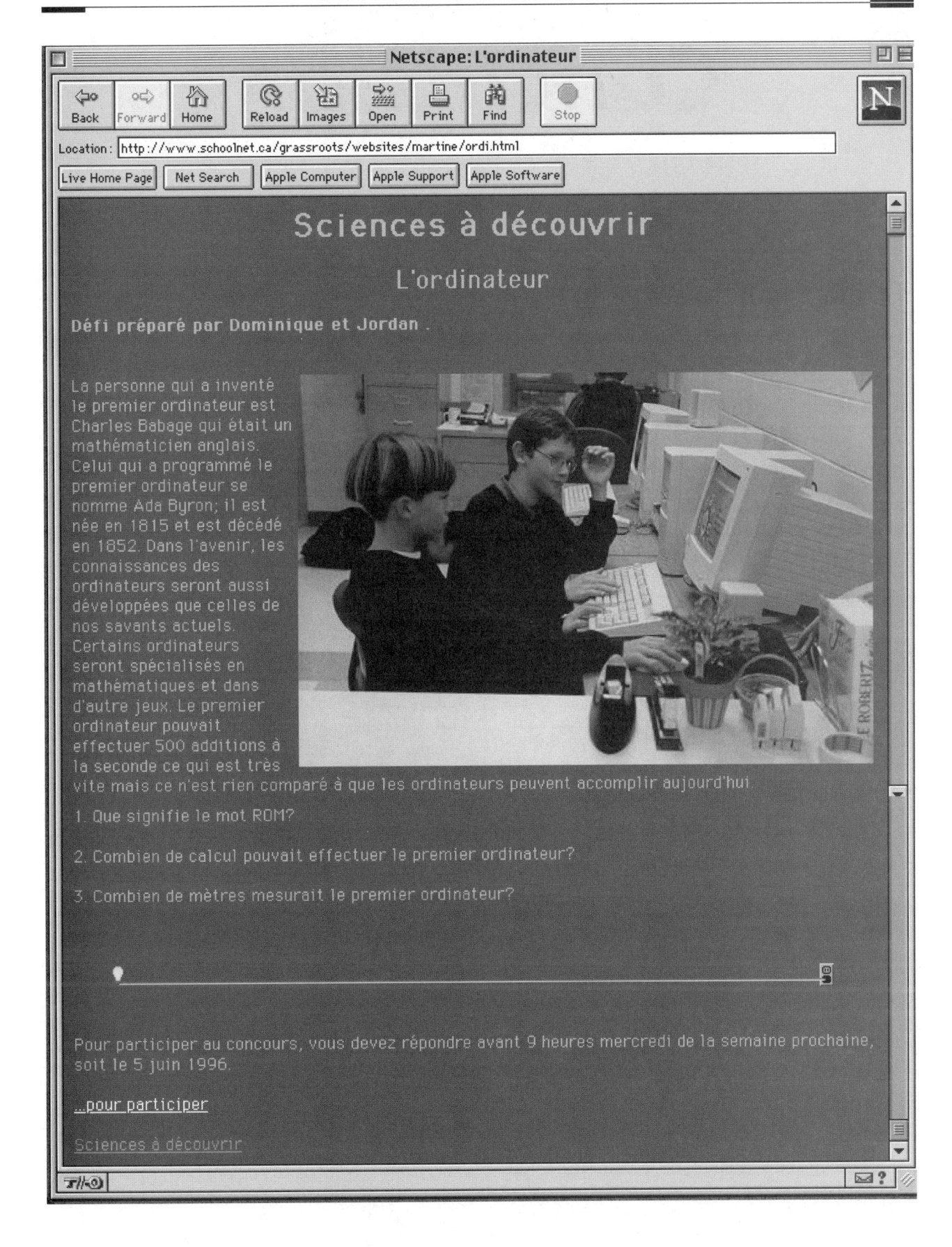

Sciences à découvrir

Conclusion

Le monde de l'éducation oblige les enseignantes et les enseignants à innover et à se renouveler sans cesse. On s'étonnera toujours face à la vitesse et à l'avancement qu'on peut atteindre dans les écoles d'aujourd'hui, alors que c'est là le reflet de notre société toujours en mouvement, constamment en changement et à la recherche de l'excellence. Toujours plus haut, plus vite et plus loin...

Le parcours que nous proposons au long de ce recueil a peut-être soulevé chez vous une réflexion sur votre rôle même de pédagogue. Nous croyons que l'épanouissement des élèves doit guider chacun de nos gestes. Il faut entretenir, par des actions quotidiennes, la petite lueur qu'on aperçoit dans leurs yeux quand ils sont heureux, quand ils sont fiers et qu'ils savent qu'ils peuvent réussir.

Chaque élève a ses forces et ses faiblesses. L'enseignement doit permettre à chaque personne de progresser à son rythme et favoriser le développement des habiletés personnelles.

Il reste qu'il n'est pas simple pour les pédagogues d'aujourd'hui d'enseigner à des enfants qu'on a déjà stimulés dans tous les domaines d'apprentissage possibles et dont le niveau de connaissance étonne. En même temps, n'est-ce pas un merveilleux défi que d'enseigner à toute une population de jeunes le pouvoir du partage, de la collaboration, de la persévérance, du sens de la responsabilité et du respect? La pédagogie d'aujourd'hui incite à faire preuve d'ingéniosité et de créativité. À notre sens, c'est là qu'on assiste à une école renouvelée dans un contexte adapté au monde moderne et à celui de demain, ayant comme mission de saisir l'espoir en chaque élève et d'entretenir cette flamme en vue de la réalisation de ses plus grands rêves.

Le rôle de l'école est de préparer les adultes de demain. Bien que personne ne sache en quoi consistera l'avenir, une chose est certaine : les jeunes devront faire preuve d'ouverture, être capables de travailler en équipe et être aptes à résoudre des problèmes. Comme le dit si bien Marion A. Barfurth, professeure au département des sciences de l'éducation à l'Université du Québec à Hull : « Le marché a besoin de personnes qui savent quoi faire, qui sont capables de résoudre des problèmes, qui sont innovatrices et qui savent travailler en collaborant et en partageant avec des coéquipiers.»

Face à l'intérêt des élèves pour les nouvelles technologies, qui n'est plus à démontrer, les pédagogues doivent réagir et intégrer cet aspect de la vie moderne dans leur enseignement. Les élèves qui apprendront à exploiter les outils technologiques au primaire acquerront des habiletés qui leur serviront toute leur vie. En outre, par ce biais, ils pourront surmonter l'obstacle que représente la distance et en viendront à envisager la Terre comme un simple village global et sans frontières.

Ce recueil d'activités d'intégration donne lieu, à partir de simples textes, à différentes expériences enrichissantes sur le plan éducationnel. Toutefois, l'objectif principal demeure le plaisir d'apprendre, pour l'enfant, et la joie, pour l'enseignante ou l'enseignant, d'enseigner dans un contexte où les jeunes s'engagent activement dans leur cheminement pédagogique. Ce n'est qu'un début. L'intégration des matières favorise l'exploration d'une multitude d'avenues. Il est à espérer que les pédagogues sauront exploiter les nombreuses situations que fournit l'enseignement de tous les jours pour susciter la motivation à apprendre et stimuler la mise en commun des découvertes.

Le monde scolaire est plein de promesses.

PARTIE 2

Les modules d'apprentissage intégré

MODULE 1
Les chiens sont parfois des anges gardiens

VUE D'ENSEMBLE DU MODULE

SAVOIR-FAIRE À DÉVELOPPER

Les élèves :
- communiquent de façon efficace ;
- appliquent les compétences nécessaires pour vivre et travailler en harmonie avec les autres ;
- utilisent leurs compétences d'apprentissage pour mieux apprendre ;
- font preuve d'autonomie au travail ;
- exercent leur habileté à se fixer des objectifs ;
- exercent leur habileté à résoudre des problèmes.

PROJETS

- Recherche sur un métier rattaché au soin des animaux familiers ;
- montage de photos d'animaux servant à véhiculer un message.

DÉVELOPPEMENT CULTUREL

- Comparaison entre la famille d'autrefois et celle d'aujourd'hui.

NOUVELLES TECHNOLOGIES

- Recherches sur Internet

PARTENARIAT

- Entreprises locales liées au soin des animaux familiers ;
- certains organismes publics ;
- membres de la famille.

ATTENTES SPÉCIFIQUES

ARTS

Les élèves :
- saisissent que les œuvres peuvent véhiculer des idées ;
- utilisent la forme artistique comme véhicule de messages ;
- reconnaissent les aspects de leurs créations et de celles des autres grâce auxquels les œuvres sont réussies ;
- réalisent des productions artistiques.

MATHÉMATIQUES, SCIENCES ET TECHNOLOGIE

Les élèves :
- reconnaissent les caractéristiques et les besoins des êtres vivants ;
- mènent une enquête ;
- choisissent un mode de présentation de données ;
- distinguent les bons des mauvais traitements réservés aux êtres vivants.

FRANÇAIS

Les élèves pratiquent :
- la communication interpersonnelle ;
- la communication selon l'intention ;
- l'écoute active lors d'une présentation ;
- la discussion en équipe ;
- le processus d'écriture ;
- les formes d'écriture (compte rendu, lettre incitative, conte, récit, mini-recherche) ;
- l'analyse de textes ;
- l'utilisation de l'information et son intégration ;
- l'application de stratégies de lecture ;
- l'écriture avec intention et pour des destinataires désignés ;
- l'exploration de ressources médiatiques ;
- l'organisation d'un produit médiatique.

ÉTUDES SOCIALES

Les élèves :
- apprennent à se connaître en fonction d'un choix de carrière ;
- reconnaissent les caractéristiques de différentes situations de travail ;
- établissent les ressemblances et les différences entre diverses cultures du passé et du présent ;
- pratiquent l'entrepreneuriat.

LES CHIENS SONT PARFOIS DES ANGES GARDIENS

MISE EN SITUATION

✔ Posez des questions aux élèves pour réactiver leurs connaissances, par exemple :

✔ Savez-vous ce que veut dire l'expression être un ange gardien ?

✔ Pouvez-vous donner des exemples où on dit d'une personne qu'elle est comme un ange gardien ?

✔ Avez-vous un chien à la maison ?

✔ Avez-vous déjà entendu parler de certains chiens qui font des choses extraordinaires ? Pouvez-vous raconter ce qu'ils ont fait de spécial ?

Suite à la lecture du texte, les élèves poseront sûrement quelques questions pour mieux savoir en quoi consiste le syndrome de Dow. C'est une excellente occasion de les sensibiliser à la réalité des enfants présentant une déficience intellectuelle.

Les chiens sont parfois des anges gardiens

Ils n'ont pas d'ailes, mais c'est tout juste. Trois anges gardiens canins viennent de sauver deux vies, l'un en téléphonant pour sa maîtresse, les deux autres en réchauffant un enfant perdu.

Se rappelant ce qu'on lui avait appris, la chienne Lyric a utilisé un téléphone programmé à l'avance pour composer le 911 et demander du secours après que le masque à oxygène de sa maîtresse fut tombé pendant son sommeil.

Judi Bayly, qui doit dormir avec un masque à oxygène à cause de troubles respiratoires, affirme qu'elle serait morte si son setter irlandais n'avait pas été là pour l'aider.

« Lorsque mon mari n'est pas là, j'ai l'impression d'avoir une sorte d'ange gardien qui dort dans mon lit, même s'il est roux et porte un manteau de fourrure » a-t-elle indiqué. Quand l'alarme de l'oxygène s'est déclenchée, Lyric a d'abord vainement tenté de réveiller sa maîtresse. Elle a ensuite fait tomber le combiné du téléphone et pressé trois fois une touche de composition rapide pour obtenir le 911. Plusieurs touches du téléphone sont ainsi programmées pour que la chienne n'ait pas à en choisir une.

Dès que la communication fut établie, le système téléphonique d'urgence de la ville de Nashua, au New Jersey, a fourni automatiquement l'adresse de l'interlocuteur.

LES CHIENS SONT PARFOIS DES ANGES GARDIENS

Voici une autre histoire extraordinaire à propos des chiens. Deux chiens ont conduit un petit garçon à deux doigts de la mort, puis lui ont sauvé la vie. Aujourd'hui, ils trouvent un nouveau foyer.

Âgé de 10 ans, Josh Carlisle souffre du syndrome de Don. Il jouait dans son jardin lorsque deux chiens errants ont, semble-t-il, attiré son attention. Il les a alors suivis sur le terrain accidenté et boisé des monts Ozark, situé près de son domicile de Cassville, au Missouri.

Pendant trois jours, tandis que la température chutait aux alentours de 15 degrés sous zéro, jusqu'à 350 volontaires ont cherché l'enfant. Enfin, un homme à cheval a entendu des jappements et trouvé Josh en compagnie de ses deux protecteurs canins.

« Les chiens l'ont accueilli comme s'ils étaient sa mère » a raconté le shérif Ralph Hendrix. « Ils se sont probablement pelotonnés près de lui et l'ont gardé au chaud pour le maintenir en vie jusqu'à notre arrivée. »

L'état de Josh, hospitalisé à Springfield, est assez bon, même si ses orteils ont gelé. Les chiens sont les anges de Dieu, selon le beau-père de Josh, Johnny Coffey. Pour les récompenser, les parents du petit garçon ont décidé de leur offrir un nouveau foyer.

(Extrait de ASSOCIATED PRESS, « Des anges gardiens... », Hull, *Le Droit*, jeudi 14 mars 1996.)

Les chiens sont parfois des anges gardiens

1. Quelle est l'idée principale de ce texte ?
_____
_____

2. À quoi l'auteur compare-t-il les chiens ?
_____
_____

3. Pourquoi fait-il cette comparaison ?
_____
_____

4. Qu'est-ce que Lyric a fait de spécial ?
_____
_____

5. Qu'ont fait de particulier les deux chiens pour Josh Carlisle ?
_____
_____
_____

6. Où habitent les deux chiens depuis cette aventure ?
_____
_____
_____

Feuille reproductible © 1998 Chenelière/McGraw-Hill

RECHERCHE 1   LES CHIENS SONT PARFOIS DES ANGES GARDIENS

Partons à la découverte des petits animaux

Tu dois faire une recherche sur un métier rattaché au soin des animaux familiers ou à leur utilisation. Pour t'aider, voici quelques domaines reliés à ce thème :

- hôpital vétérinaire ;

- Société protectrice des animaux ;

- Gendarmerie royale du Canada (chiens renifleurs) ;

- Société canadienne des aveugles (chiens d'aveugle) ;

- fourrière municipale ;

- animalerie.

Ta présentation devra contenir quelques éléments essentiels :
- les études à réussir pour exercer ce métier ;

- les qualités requises ;

- les plus grandes difficultés rencontrées dans ce genre de travail ;

- les plaisirs que procure l'exercice de ce métier ;

- l'importance du travail d'équipe ;

- la technologie utilisée (données informatisées, appareils médicaux, instruments de précision, etc.).

Feuille reproductible © 1998 Chenelière/McGraw-Hill

Un peu de calcul pour mon animal favori

Animal familier choisi : _____

Coût d'achat de cet animal : _____

Quels sont les accessoires que tu dois acheter ?
(Par exemple, cage, bol, ciseaux et autres.)

Nom de l'accessoire	Coût (taxes incluses)
_____	_____
_____	_____
_____	_____
_____	_____
_____	_____
TOTAL :	_____

Nourriture

Coût initial d'un contenant de nourriture : _____

Quelle quantité de nourriture ton animal mange-t-il en une année ? _____

Coût de la nourriture pour une année : _____

Autres dépenses

Exemples : visite chez le vétérinaire, vaccin, remède pour un an. N'oublie pas de donner une petite récompense à la personne qui prendra soin de ton animal pendant que tu seras loin de chez toi.

Autres dépenses	Coût (taxes incluses)
_____	_____
_____	_____
_____	_____
_____	_____
_____	_____
TOTAL :	_____

As-tu pensé à tous les soins dont tu devras t'acquitter ? _____

Combien coûte ton animal familier la première année ? _____

Feuille reproductible © 1998 Chenelière/McGraw-Hill

Ce que j'en pense...

Émets ton opinion sur les questions suivantes et essaie de la justifier selon ton expérience personnelle ou à l'aide des informations dont tu disposes.

1. Quand un animal est malade ou devient trop vieux, plusieurs personnes décident de lui faire subir l'euthanasie. Très souvent, on doit prescrire l'euthanasie pour des portées entières de chatons ou de chiots parce qu'on ne trouve aucun foyer pour les accueillir. Es-tu pour ou contre l'euthanasie de certains animaux ?

2. Tu sais combien les chats et les chiens se reproduisent facilement. As-tu déjà connu quelqu'un qui avait de la difficulté à trouver un foyer pour ses chiots ou ses chatons ?

3. La Société protectrice des animaux recommande fortement de faire stériliser son animal de compagnie. Es-tu pour ou contre la stérilisation des animaux de compagnie ?

Maintenant, j'écris... sur les animaux, mes amis

1. Tu dois prendre soin de l'animal d'une copine pendant qu'elle est partie en vacances avec ses parents.

   Décris toutes les responsabilités dont tu dois t'acquitter. Comment vas-tu t'organiser pour faire tout le travail ?

2. Tu as déjà demandé à tes parents d'avoir un chien ou un chat et ils ont refusé. Cette fois-ci, tu entends bien les convaincre, car un camarade de classe a trois mignons petits chatons à donner. Comment se déroule la discussion avec tes parents ? Écris-leur une lettre pour les persuader.

3. Ton chien dort toute la journée. Tu te demandes à quoi il peut bien rêver. Imagine que tu es un chien et raconte-nous tes rêves.

4. Quel est ton animal préféré ? Pourquoi aimes-tu cet animal ? Quelles sont ses qualités ? A-t-il des petits défauts ? Raconte un événement cocasse qui est arrivé à ton animal ?

5. Tu te rends compte qu'un animal n'est pas bien traité. Décris la situation. Que vas-tu faire ? Comment se termine ton histoire ?

Comme c'est mignon !

On retrouve souvent des photographies de chiens et de chats dans des magazines ou sur des calendriers. Habituellement, il y a un message associé à ces photos.

Que nous apprennent les photos ?

Examine les moyens qu'on emploie pour faire passer un message.

Quelle valeur a-t-on voulu mettre en évidence ?

Comment s'y est-on pris pour que les gens s'intéressent à cette photo ?

Qu'est-ce que cette photo a de particulier ?

✳ ✳ ✳

À toi maintenant de passer ton propre message...

Conçois ton propre montage visuel à partir de photos tirées de revues, de journaux ou d'autres médias visuels dans le but de véhiculer un message. Tu peux également prendre tes propres photos ou utiliser la caméra.

Réalise ce projet avec quelques camarades de classe. Tu pourras ensuite présenter ta création au reste de la classe.

INTERNET

Les chiens-guides sont à leur façon des anges gardiens. Va à l'adresse suivante et tu apprendras à mieux les connaître :

> http://www.univ-lille1.fr/~eudil/lillefr/cga/cgachie.htm-

Réponds ensuite à quelques questions.

1. Comment détermine-t-on les qualités et les défauts de l'apprenti chien-guide ?
   _____
   _____
   _____

2. À quoi reconnaît-on que le chien d'aveugle est au travail ?
   _____
   _____
   _____

3. Nomme des habiletés que doit posséder un chien-guide ?
   _____
   _____
   _____

Quelques idées à explorer

1. D'hier à aujourd'hui
– Invitez les élèves à comparer la famille d'autrefois à celle d'aujourd'hui.

En quoi la place réservée aux animaux familiers est-elle semblable ?

En quoi est-elle différente ? Y a-t-il un lien avec la vie économique de nos ancêtres ?

2. Les besoins des êtres vivants
Les élèves pourraient élaborer sur les bons et les mauvais traitements réservés aux animaux. Que se produit-il si on ne traite pas convenablement les animaux ? Les élèves prendront ainsi conscience de l'aspect légal et moral rattaché au mauvais traitement d'un animal.

3. Les caractéristiques des êtres vivants
Les élèves pourraient expliquer comment les êtres vivants s'adaptent à leur environnement. Par exemple, les yeux d'un chat lui permettent de voir dans l'obscurité et la ventilation chez le chien le protège lors des journées de grande chaleur.

4. Découverte d'une petite entreprise
Invitez la ou le propriétaire d'une animalerie à venir rencontrer les élèves. Décrivez les caractéristiques importantes de ce genre d'entreprise. Amenez les élèves à faire le lien entre le monde des affaires et les différents champs d'étude.

5. Petite enquête
Proposez aux élèves de dresser un questionnaire visant à connaître les préférences des élèves de l'école ou des gens de la communauté concernant les animaux familiers ou de faire une enquête pour connaître le nombre d'élèves qui possèdent un animal. Ils pourraient dresser des tableaux pour comparer ces données et les représenter graphiquement.

Feuille reproductible © 1998 Chenelière/McGraw-Hill

MODULE 2
Quand la bouffe se fait une beauté

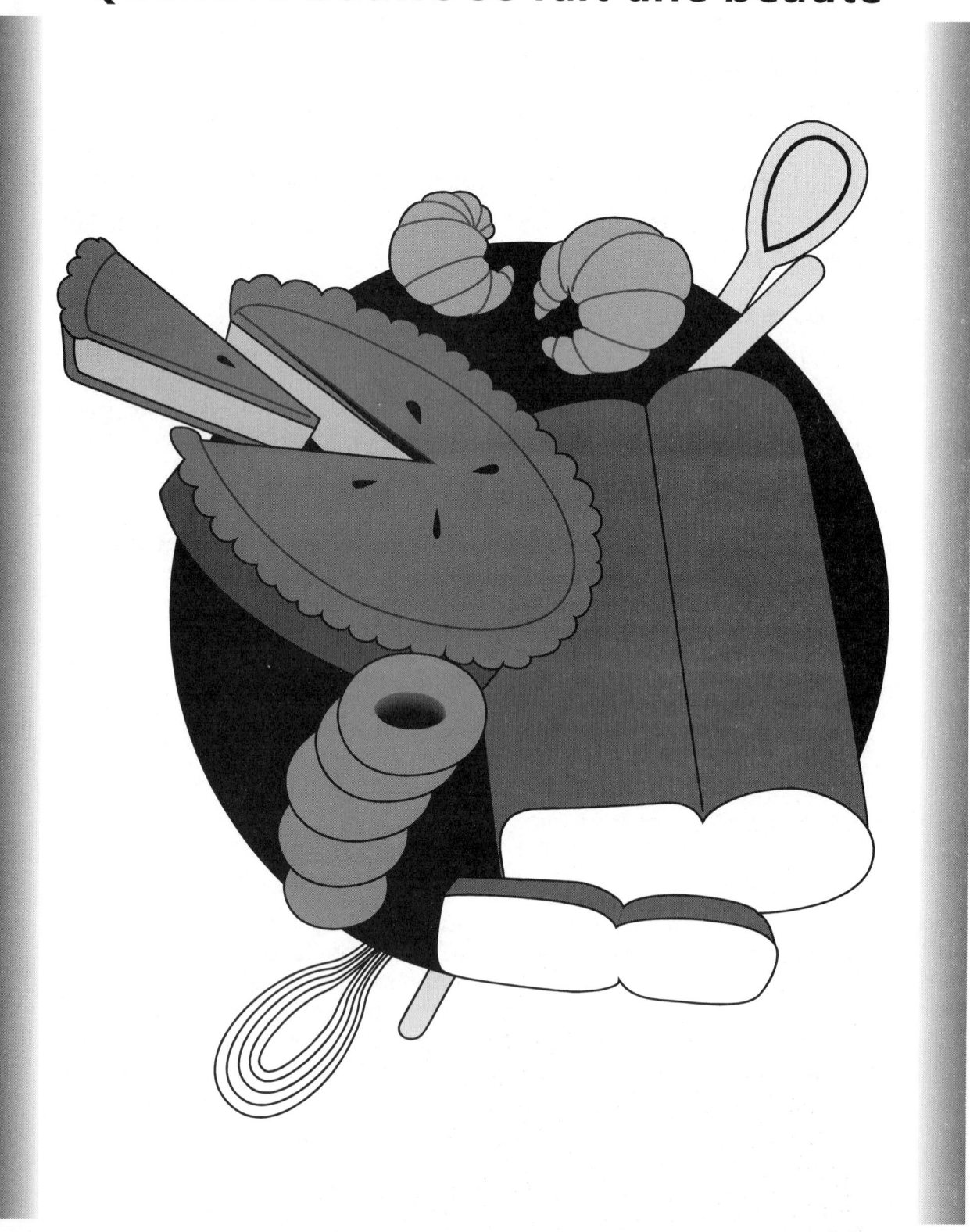

QUAND LA BOUFFE SE FAIT UNE BEAUTÉ

VUE D'ENSEMBLE DU MODULE

SAVOIR-FAIRE À DÉVELOPPER

Les élèves :
- communiquent de façon efficace ;
- exercent les compétences nécessaires pour vivre et travailler en harmonie avec les autres ;
- exercent leur habileté à se fixer des objectifs ;
- exercent leur sens de l'initiative.

NOUVELLES TECHNOLOGIES

- Recherches sur Internet

PARTENARIAT

- Télévision communautaire ;
- groupes ethniques de la communauté ;
- agence de publicité.

PROJETS

- Message publicitaire ;
- affiches ;
- recueil de recettes.

DÉVELOPPEMENT CULTUREL

- Les habitudes alimentaires d'autrefois ;
- alimentation de différents groupes ethniques.

ATTENTES SPÉCIFIQUES

ARTS

Les élèves :
- saisissent que les œuvres peuvent véhiculer des idées ;
- utilisent la forme artistique comme véhicule de messages.

MATHÉMATIQUES, SCIENCES ET TECHNOLOGIE

Les élèves :
- utilisent des figures en deux et en trois dimensions ;
- font des estimations et prennent des mesures ;
- utilisent des polygones réguliers pour former un dallage ;
- explorent la notion de fractions ;
- explorent des problèmes environnementaux et font des recommandations à leur effet.

FRANÇAIS

Les élèves pratiquent :
- la communication interpersonnelle ;
- la communication selon l'intention ;
- la discussion d'équipe ;
- l'analyse de textes ;
- l'analyse de l'information et son intégration ;
- l'application des stratégies de lecture ;
- les formes d'écriture (recette, mini-recherche, affiche, message publicitaire, questionnaire) ;
- l'intégration des expressions et des mots nouveaux ;
- l'application des conventions et des règles de grammaire ;
- l'écriture avec intention pour des destinataires désignés ;
- le processus d'écriture ;
- l'exploration des ressources médiatiques ;
- l'organisation d'un produit médiatique.

ÉTUDES SOCIALES

Les élèves :
- distinguent un mode de vie sain d'un mode de vie malsain ;
- apprennent à se connaître en fonction d'un choix de carrière ;
- reconnaissent les caractéristiques de différentes situations de travail ;
- découvrent la culture francophone ;
- prennent des décisions par rapport à la consommation des aliments ;
- examinent l'effet des technologies sur la société.

MISE EN SITUATION

Quand la bouffe se fait une beauté

✔ Montrez aux élèves différentes annonces publicitaires, par exemple de poulet, de céréales ou de crème glacée. Si possible, utilisez une annonce publicitaire télévisée pour présenter des images sur bande vidéo des différents aliments dont on parle dans le texte.

✔ Faites remarquer aux élèves la beauté des images et insistez sur l'importance de bien représenter les aliments.

✔ Invitez les élèves à faire des observations à partir d'expériences personnelles. Demandez-leur de décrire le poulet quand il est chaud puis lorsqu'il est froid. Y a-t-il une différence dans l'apparence ?

✔ Demandez aux élèves leur opinion sur la façon dont on s'y prend pour obtenir d'aussi beaux aliments, comme le poulet fumant…

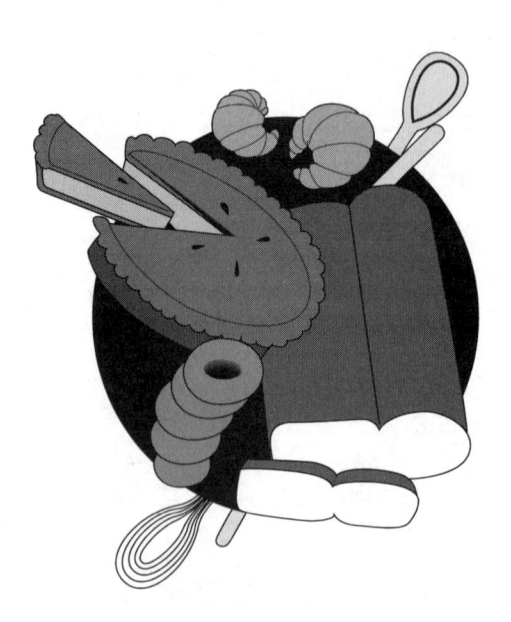

Quand la bouffe se fait une beauté

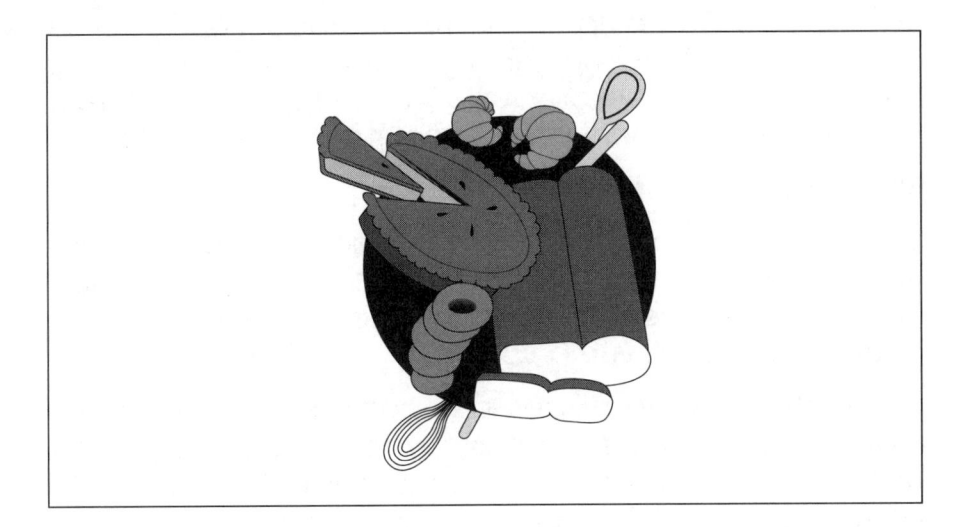

Miam-miam. Ça dépasse nos limites. On salive raide devant le poulet des publicités : tout caramel, rôti à point, avec ce lustre fini vernis. On se mord les phalangines, devant les pizzas fumantes, les muffins sensuellement beurrés, les sundaes double fudge triple noix des affiches. Danger. Ressaisissez-vous avant de composer le 911-orgie. Ou d'appeler le premier service de livraison à domicile.

Dans les pubs télé, les pleines pages magazines, côtelettes, bières, cafés, crèmes et cie sont pomponnés comme des divas. Excusez, pardon, ils ont même droit à des stylistes dits culinaires. Armés de seringues jumbo, de pinces géantes, de colorants et de pinceaux, ces spécialistes offrent les meilleurs *face-lift* en ville. Pour la bouffe seulement...

On les compte sur les doigts d'une seule main. Guy Houle et Chantal Legault, entre autres, sont réputés dans le domaine. Mi-chefs mi-bricoleurs, ils rehaussent les aliments (sans jamais les dénaturer ou les remplacer par des imitations), les bichonnent un peu, beaucoup, avant que ne s'allument les caméras. Dans l'unique but de faire plus vrai que vrai. Chacun possède ses recettes de druide pour que tiennent les mousses pendant des heures, que la crème glacée se cimente, que le poulet fume. « Mes cours de pâtisserie, de chimie alimentaire, de cuisine, de tenue de bar de l'Institut du tourisme et de l'hôtellerie du Québec (ITHQ) me servent tous les jours. Mon certificat universitaire en publicité aussi » explique Guy Houde, styliste culinaire notamment pour Québon,

St-Hubert et Pacini. Quand à Chantal Legault, bachelière en communication, elle exerce son métier depuis 10 ans et collabore à la plupart des mégaproductions publicitaires en ville (McDo, Burger King, Kentucky, Bureau laitier, etc.). Voici un aperçu de leurs meilleures recettes. Attention, elles risquent de vous couper l'appétit net !

Recette de poulet fumant

Dans le cas du poulet fumant, la meilleure façon consiste naturellement à le faire rôtir. Le sortir du four. Et voilà. Mais alors, la vapeur se voit pendant trois secondes. Pire : la peau se ratatine à vue d'œil.

« Il existe trois méthodes pour obtenir de la fumée (vapeur). La première consiste à faire passer un tuyau dans l'assiette du poulet et de laisser échapper de la vapeur d'eau. La seconde, précise Guy Houde, est plutôt artisanale, mais fonctionne à merveille. On imbibe une serviette sanitaire et on la passe presto au micro-ondes à haute intensité pendant cinq minutes. On la camoufle derrière le poulet et, hop ! Oubliez la fumée de cigarette, trop bleutée, personne ne se laissera duper. Disons que le mieux pour une fumée de poulet chaud copie conforme, est d'utiliser deux solutions d'acides (A et B). On les dépose dans l'assiette et le contact des émanations crée une vapeur quasi parfaite. Le seul inconvénient, dans ce cas, c'est l'odeur plutôt désagréable, voire toxique ».

Chantal Legault, elle, privilégie le défroisseur de voyage dissimulé derrière la volaille. Mais le poulet publicitaire idéal n'est pas encore atteint. Encore faut-il qu'il miroite, qu'il possède une plastique de rêve... « Voilà le hic ! » soulève Guy Houde. Par exemple, lors de la réalisation de la toute dernière campagne des Rôtisseries St-Hubert, il nous aura fallu 600 poulets pour dénicher les plus beaux spécimens (cuisson uniforme, forme impeccable, etc.) aptes à figurer dans huit messages télé.

Difficile à battre comme gaspillage ? « Jusqu'à 90 p. cent de ces poulets sont redistribués gratuitement auprès d'organismes d'aide humanitaire » réplique Denis Castonguay, conseiller principal Recherche et développement pour le Groupe St-Hubert. Finalement la dernière touche avant de photographier la cuisse ou la poitrine, « c'est de les badigeonner délicatement de caramel ou d'huile, histoire de les rendre irrésistibles ».

Recette de céréales

Colle : qu'est-ce qui est blanc comme du lait et qui ne rend pas mollasses les céréales ? « Justement de la colle (blanche de Lepage) » répond Guy Houde. « Mieux, renchérit Chantal, j'imperméabilise chaque flocon avec un vernis en aérosol. Ainsi, on peut prendre tout son temps. » Ouache...

Recette de crème glacée

Photographier de la crème glacée c'est bien joli. Mais quand les projecteurs des studios de photo sont allumés, on se retrouve immédiatement avec du lait sur le plancher. Solution : « Pour l'affichage signé Québon (« Donne-moi ta bouche, « Hommage à ta langue », etc.) où figurait un énorme cornet de crème glacée à la vanille, j'ai dû imiter l'effet avec du shortening végétal malaxé à un colorant et quelques autres ingrédients top secrets. « Comme ça, rien ne fondait » explique le styliste.

Du côté de la crème molle, Guy répond qu'il n'a pas encore trouvé le truc (c'est lui qui a concocté les cornets à 49 ¢ de McDonald, à partir de véritable crème glacée molle). « Après 18 cornets parfaits, on réussissait enfin à photographier celui qui apparaît sur les affiches. »

Boissons pétillantes

Dans ce cas, Guy Houde ne se complique pas l'existence. « Une fraction de comprimé Eno et tout pétille ! Pour agrémenter le tout, Chantal Legault ajoute des glaçons en plexiglas chic (40 $ l'unité et importés de New York).

Café

Pour la télé, on préfère remplacer le café par du cola sans effervescence (*flat*). Histoire d'éviter la pellicule huileuse à la surface.

(Extrait de LAVIGNE, Lucie, « Quand la bouffe se fait une beauté », *La Presse*, mercredi 18 octobre 1995.)

Feuille reproductible © 1998 Chenelière/McGraw-Hill

Quand la bouffe se fait une beauté

1. De qui parle-t-on dans le texte ?
   _____

2. Quel type de travail décrit-on ?
   _____

3. Que fait-on de spécial dans ce genre de métier ?
   _____
   _____

4. Énumère quelques cours qu'a suivis Guy Houle et qui lui sont très utiles dans le métier qu'il exerce.
   _____
   _____
   _____

5. Nomme deux problèmes rencontrés lorsqu'on prépare une publicité avec du poulet chaud.
   _____
   _____
   _____

6. Décris une solution mentionnée dans le texte pour régler un des problèmes liés au poulet.
   _____
   _____
   _____

7. Que penses-tu des recettes spéciales utilisées pour la publicité ?
   _____
   _____

Feuille reproductible © 1998 Chenelière/McGraw-Hill

Des mots qui ont du style

Écris la définition des mots suivants d'après leur contexte ou à partir de tes connaissances. Vérifie ensuite tes réponses dans un ouvrage de référence.

Phalangine

Ma définition : _____

Définition trouvée : _____

_____

Ouvrage de référence : _____

Diva(s)

Ma définition : _____

Définition trouvée : _____

_____

Ouvrage de référence : _____

Pomponner

Ma définition : _____

Définition trouvée : _____

_____

Ouvrage de référence : _____

Styliste

Ma définition : _____

Définition trouvée : _____

_____

Ouvrage de référence : _____

Culinaire

Ma définition : _____

Définition trouvée : _____

_____

Ouvrage de référence : _____

Maintenant, j'écris...

1. Ta recette préférée

Écris une de tes recettes préférées. Quels temps de conjugaison reviennent le plus souvent ?

2. Création d'affiches publicitaires

Imagine un slogan encourageant une alimentation saine. Accompagne ton texte de supports visuels : dessin, photos ou autres.

3. Composition d'un message publicitaire

En équipe, rédige une annonce pour promouvoir la vente d'un produit alimentaire. Écris ensuite le scénario d'une courte saynète. Si possible, filme ton message à l'aide des caméras de la télévision communautaire.

4. Questionnaire d'entrevue

Dresse un questionnaire à propos des habitudes alimentaires de l'époque de tes grands-parents. Tes questions doivent s'adresser à des aînées et permettre d'établir des liens avec l'aspect économique de l'époque. Par exemple, quel type de travail les gens faisaient-ils ? De quelles ressources alimentaires disposaient-ils ?

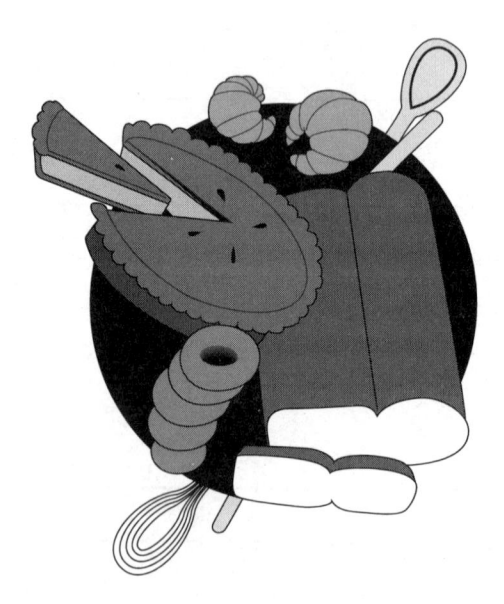

Feuille reproductible © 1998 Chenelière/McGraw-Hill

MATHÉMATIQUES QUAND LA BOUFFE SE FAIT UNE BEAUTÉ

Un peu de calcul

1. Lorsque tu créeras ton affiche, tu devras explorer la notion de mesure
   - en choisissant l'unité de mesure la plus appropriée ;
   - en établissant des relations entre les unités de mesure linéaire (millimètres, décimètres, centimètre et mètres) ;
   - par exemple, en effectuant des conversions telles que 15 mm = 1.5 cm ;
   - en employant la division afin de disposer le lettrage et le logo.

2. Conçois des mosaïques que tu pourrais utiliser dans la fabrication des décors pour la saynète du message publicitaire de l'activité 3, intitulée Composition d'un message publicitaire, de la feuille *Maintenant, j'écris...* (page 72).

3. Construis un dallage à l'aide de matériel de manipulation relatif à l'alimentation, tel que les céréales, les pâtes alimentaires, etc. Nomme les figures géométriques que tu utilises.

4. Examine les différentes formes de plusieurs types d'aliments ou d'objets servant à emballer la nourriture. Nomme les polygones que tu observes dans le monde de l'alimentation.

5. Mesure la circonférence, le périmètre et l'aire de véritables aliments : tarte, tablette de chocolat, pizza, gâteau, etc. Tu dois choisir l'unité de mesure appropriée, faire des estimations et composer des histoires mathématiques où tu démontres ta compréhension de la division.

6. À partir de boîtes de céréales, de conserves et de contenants divers, explore les axes de symétrie, de même que les notions de côtés parallèles, d'angles droits et de diagonales. Truc : utilise du papier quadrillé pour mesurer l'aire de certains polygones.

7. Tu peux explorer le volume de certains contenants avec la technique de déplacement de l'eau (par exemple, on submerge une boîte de conserve). Trouve le lien entre le millilitre et le centimètre cube.

Feuille reproductible © 1998 Chenelière/McGraw-Hill

INTERNET

J'explore le guide alimentaire canadien

Rends-toi à l'adresse électronique suivante :

http://www.lung.ca/asthme/nutrition/guide.html

Compare les ingrédients de mets de restauration rapide reconnus.

1. Choisis un repas de restauration rapide. Énumère les ingrédients qu'il contient.

   _____

   _____

2. À l'aide du guide alimentaire, indique de quel groupe chaque ingrédient inscrit à la question 1 fait partie.

Ingrédient	Groupe alimentaire
_____	_____
_____	_____
_____	_____
_____	_____
_____	_____

Feuille reproductible © 1998 Chenelière/McGraw-Hill

Quelques idées à explorer

1. Découverte d'une agence de publicité

Invitez des membres d'une agence de publicité à venir expliquer aux élèves en quoi consiste leur travail. Faites valoir l'importance de la publicité au point de vue commercial.

2. Recueil de recettes

Avec les élèves, évaluez le coût de production d'un recueil de recettes. Élaborez un plan de travail en équipe (répartition des tâches). Procédez ensuite au choix des recettes. Vous pourriez établir un partenariat avec la communauté : recettes préférées des aînés, des différents groupes ethniques, etc. Faites de la publicité pour la vente du recueil : affiches, slogan, messages à la radio étudiante et à la télévision communautaire.

3. Lumière sur la publicité

Invitez les élèves à déterminer en quoi la publicité influe sur nos choix alimentaires.

Ils pourraient comparer l'efficacité de la publicité de diverses chaînes de restaurants populaires auprès des gens de leur communauté.

4. D'hier à aujourd'hui

Proposez aux élèves de comparer les habitudes alimentaires d'autrefois à celles d'aujourd'hui par le biais d'une entrevue auprès d'aînés. Dites-leur d'expliquer ce qui a entraîné les changements dans ce domaine.

5. Les aliments et l'impact sur l'environnement

Les élèves pourraient effectuer une recherche sur la provenance des aliments et mesurer l'impact que le transport (lié à la distance) a sur l'environnement. Invitez-les à déterminer l'effet de la consommation de certains aliments sur l'environnement (par exemple, emballages en styromousse).

Feuille reproductible © 1998 Chenelière/McGraw-Hill

MODULE 3
J'étais jeune, il n'y a pas si longtemps...

J'ÉTAIS JEUNE, IL N'Y A PAS SI LONGTEMPS...

VUE D'ENSEMBLE DU MODULE

SAVOIR-FAIRE À DÉVELOPPER

Les élèves :
- communiquent de façon efficace ;
- exercent les compétences nécessaires pour vivre et travailler en harmonie avec les autres ;
- participent à la vie communautaire à l'échelle locale ;
- font des choix judicieux concernant leur mode de vie ;
- utilisent leurs compétences d'apprentissage pour mieux apprendre ;
- exercent leur habilité à se fixer des objectifs ;
- développent leur sens de l'initiative.

PROJETS

- Entrevue avec une personne âgée ;
- émission de radio étudiante ;
- saynète.

DÉVELOPPEMENT CULTUREL

- Comparaison entre la famille d'autrefois et celle d'aujourd'hui.

NOUVELLES TECHNOLOGIES

- Recherches sur Internet.

PARTENARIAT

- Résidence pour personnes âgées ;
- membres de la famille ;
- organismes publics ou associations locales ou provinciales rattachés au vieillissement.

ATTENTES SPÉCIFIQUES

ARTS

Les élèves :
- explorent l'influence de la culture sur les formes artistiques ;
- examinent les images et les véhicules d'une société ;
- saisissent que la forme artistique agit comme véhicule de messages ;
- découvrent des établissements artistiques.

MATHÉMATIQUES, SCIENCES ET TECHNOLOGIE

Les élèves :
- sont appelés à utiliser la mesure ;
- interprètent les données d'un tableau ;
- étudient les maladies rattachées au vieillissement ;
- découvrent les fuseaux horaires et la notion de temps relatif.

FRANÇAIS

Les élèves pratiquent :
- la communication interpersonnelle ;
- la communication selon l'intention ;
- l'écoute active lors d'une présentation ;
- la discussion en équipe ;
- l'écriture avec une intention en fonction des destinataires ;
- le processus d'écriture ;
- les formes d'écriture (compte rendu, lettre de remerciements, questions d'entrevue, demandes de renseignements, poème) ;
- l'analyse de textes ;
- l'intégration de l'information ;
- des stratégies de lecture ;
- l'organisation d'un produit médiatique.

ÉTUDES SOCIALES

Les élèves :
- contribuent à l'action sociale ;
- établissent les ressemblances et les différences entre diverses cultures du passé et du présent ;
- prennent conscience du changement dans leur vie ;
- explorent le patrimoine culturel.

MISE EN SITUATION

J'étais jeune, il n'y a pas si longtemps...

✔ Pour sensibiliser les élèves au monde du troisième âge, vous pouvez inviter une personne âgée à venir parler de son enfance, des périodes importantes de sa vie, des changements dont elle a été témoin dans la société ainsi que des difficultés que vivent bien des gens de son âge (comme la solitude, la perte de mémoire, la diminution de l'autonomie).

✔ Vous pourriez également apporter quelques photographies et demander aux élèves en quoi le style de vie, les habitations, le travail et les vêtements de l'époque illustrée sont différents de ceux d'aujourd'hui.

✔ Voici quelques questions qui peuvent servir à réactiver leurs connaissances avant qu'ils abordent le texte :

— Est-ce que vos grands-parents (ou une personne âgée de votre entourage) vous ont déjà parlé de l'époque de leur jeunesse ?

— En vieillissant, quels changements ont-ils vécus ?

— Quels sentiments semblent-ils éprouver aujourd'hui face à la vieillesse ?

Jeanne Calment
on se souviendra longtemps de vous...

Madame Calment a vécu jusqu'à 122 ans. C'est tout un exploit ! Elle est née le 21 février 1875. Elle détient le record mondial de longévité.

Voici un extrait de l'article paru dans le journal La Presse *pour marquer son 120ᵉ anniversaire :*

Jeanne Calment, qui détient désormais le record du monde de longévité, est apparue fatiguée mais toujours lucide, et fière en tout cas de son exploit.

De bonne grâce, la doyenne de l'humanité a rejoint durant quelques minutes la quinzaine de journalistes et photographes qui l'attendaient à la maison de retraite d'Arles où elle réside.

Toujours coquette, portant un châle provençal, elle a répondu à toutes les questions, faisant même preuve d'une bonne connaissance de l'actualité.

Ainsi, savait-elle que le président de la République était Jacques Chirac et elle s'est souvenue que celui-ci était venu lui rendre visite. L'Arlésienne de souche qu'elle est a même tenu à préciser que le prénom de l'épouse du président, Bernadette, est d'origine provençale.

La plus vieille dame du monde a souhaité à tous « de vivre une vie aussi heureuse que la sienne », avant de se promener en fauteuil roulant autour du lac proche de la maison de retraite.

Selon son entourage médical, elle a été très fatiguée au cours de l'été, souffrant notamment de la chaleur. « Elle avait beaucoup maigri, mais elle est très forte et elle a repris le dessus » a expliqué une infirmière[1].

Au moment de cette entrevue, Jeanne Calment était aveugle, presque sourde et se déplaçait en fauteuil roulant. Madame Calment est décédée en août 1997.

D'autres personnes ont aussi vécu très longtemps. Ainsi, on pense que le Japonais Shigechiyo Izumi, disparu en février 1986 des suites d'une pneumonie, a vécu jusqu'à 120 ans et 237 jours et détenait avant madame Calment le record mondial de longévité. Cependant, certaines recherches laissent croire que M. Izumi pouvait avoir seulement 105 ans lorsqu'il est mort. En effet, à une certaine époque, il était courant dans la tradition japonaise de donner le nom d'un enfant décédé à un bébé naissant. Shigechiyo Izumi pourrait bien avoir vécu jusqu'à 105 ans seulement puisque effectivement, un de ses frères aînés est décédé à l'âge de 15 ans et portait le même nom.

Une Canadienne s'est illustrée pour sa longévité. Il s'agit de Marie-Louise Meilleur, vivant à Corbeil en Ontario et originaire de Kamouraska au Québec. Elle est née le 29 août 1880. En 1997, au moment du décès de madame Calment, elle était âgée de 117 ans. C'est toute une performance ! C'est elle qui détient actuellement le titre de doyenne de l'humanité.

---

1. Extrait de l'article « Jeanne Calment, la plus vieille dame au monde », paru dans *La Presse*, mercredi 18 octobre 1995. Reproduit avec l'autorisation de Reuters.

Jeanne Calment
on se souviendra longtemps de vous...

1. Dans le texte, qu'est-ce qui a permis aux trois personnes de s'illustrer ?
   _____

2. Comment nomme-t-on une personne qui réside à Arles ?
   _____

3. Qui détenait le record de longévité avant Jeanne Calment ?
   _____

4. De quelle nationalité était la personne dont on parle à la question 3 ?
   _____

5. Quand est-elle décédée ?
   _____

6. Quelle est la date de naissance de Jeanne Calment ?
   _____

7. Combien d'années et de jours se sont écoulés depuis cette date ?
   _____

8. Qui était président de la République de France au moment où l'article a été écrit ?
   _____

9. Colorie le drapeau avec les couleurs du drapeau français.

Maintenant, j'écris...

1. a) Lis le poème Quand tu me regardes, qu'est-ce que tu vois ?

   b) En un court texte, décris les sentiments qui se dégagent du poème. Explique ce qu'éprouve la vieille dame. Qu'est-ce que ce poème t'a appris au sujet des besoins des personnes âgées ?

2. En guise de préparation à l'entrevue avec une personne âgée :

   a) Rédige au moins trois questions à partir de chaque paragraphe du poème. Prends soin d'utiliser les différents adverbes :

   – de manière : comment,

   – de lieu : où,

   – de quantité : combien,

   – de temps : quand.

   N'oublie pas que la phrase interrogative se termine toujours par un point d'interrogation (?).

   b) Imagine que tu poses les questions à une personne âgée.

   En voici des exemples :

   - Comment vous habilliez-vous quand vous étiez jeune ? (manière)

   - Où habitiez-vous ? Où êtes-vous née ? (lieu)

   - Combien d'enfants comptait votre famille ? Combien aviez-vous de frères et de sœurs ? Combien y avait-il de pièces dans votre maison ? (quantité)

   - Quand avez-vous commencé à aller à l'école ? Quand avez-vous quitté vos parents ? Quand avez-vous commencé à travailler ? (temps)

Compte rendu de l'entrevue

3. a) Mène ton entrevue. Ensuite, résume-la en tes propres mots (sous forme d'un article de journal ou d'un compte rendu).

   b) Tu pourrais faire part de tes découvertes aux autres élèves de ton école par le biais d'une émission de radio étudiante.

4. Prépare une lettre de remerciements adressée aux résidants ainsi qu'aux personnes responsables de l'établissement qui ont rendu ce projet possible.

5. Imagine que tu as 122 ans comme madame Calment et que tu es la personne la plus vieille de la planète. Décris ce que tu ressens et ce que tu aimerais dire aux gens lors d'une entrevue avec des journalistes. Comment sera le monde quand tu auras 122 ans ?

6. Écris le scénario d'une saynète dans l'activité Voyage dans le temps. Inspire-toi de photos anciennes. (Voir les pages 90 à 93.)

Quand tu me regardes, qu'est-ce que tu vois ?

Une petite vieille
de mauvaise humeur.

Une petite vieille
qui échappe sa nourriture ;
qui n'est pas très sage.

Qui oublie tout
et même qui bave quelquefois ?

Je te demande... regarde-moi.

Je suis une enfant, avec des parents qui m'aiment
et des frères et des sœurs.

À 16 ans, je suis une belle fille,
qui tombe en amour.

À 20 ans, je me suis mariée
dans une longue robe blanche.

À 25 ans, je deviens mère,
ma vie est très remplie.

POÈME 1 — J'ÉTAIS JEUNE, IL N'Y A PAS SI LONGTEMPS…

À 45 ans, je dois dire au revoir à mes jeunes
mais mon mari me réconforte.

À 50 ans, on a encore les enfants
sur nos genoux.

À 60 ans, le deuil m'enveloppe,
mon mari m'a quittée
pour aller de l'autre côté.

Je suis seule… mes enfants sont occupés
avec leur propre famille.

Je regarde l'avenir.

Je suis vieille.
La nature semble être cruelle.
Elle vole notre jeunesse,
notre force, notre beauté.
Le corps se détériore.

Mais, je veux dire
qu'à l'intérieur de ce vieux corps
habite une jeune fille.

Je me souviens des joies,
je me souviens de la douleur.

Feuille reproductible © 1998 Chenelière/McGraw-Hill

Aujourd'hui,
je vis et j'aime toujours.

Les années sont passées trop vite.

Mais il faut qu'on accepte
que rien ne peut durer pour toujours.

Je te demande… quand tu me regardes,
de regarder de plus près…

Je ne suis pas seulement
une petite vieille de mauvaise humeur…

(Source : journal *Bénévolant* de la Résidence St-Louis. — Contribution de Judy Size-Cazabon, directrice de l'Actualisation de la mission SCO.)

ÉCRITURE 2   J'ÉTAIS JEUNE, IL N'Y A PAS SI LONGTEMPS...

Questions à rediger pour l'entrevue avec une personne âgée

À 16 ans, je suis une belle fille,
qui tombe en amour.

1. _____
   _____
2. _____
   _____
3. _____
   _____

À 20 ans, je me suis mariée
dans une longue robe blanche.

1. _____
   _____
2. _____
   _____
3. _____
   _____

Feuille reproductible © 1998 Chenelière/McGraw-Hill

À 25 ans, je deviens mère,
ma vie est très remplie.

1. _____
_____
2. _____
_____
3. _____
_____

À 45 ans, je dois dire au revoir à mes jeunes,
mais mon mari me réconforte.

1. _____
_____
2. _____
_____
3. _____
_____

À 50 ans, on a encore les enfants
sur nos genoux.

1. _____
_____
2. _____
_____
3. _____
_____

Feuille reproductible © 1998 Chenelière/McGraw-Hill

ÉCRITURE 2   J'ÉTAIS JEUNE, IL N'Y A PAS SI LONGTEMPS...

À 60 ans, le deuil m'enveloppe,
mon mari m'a quittée
pour aller de l'autre côté.

1. _____
_____
2. _____
_____
3. _____
_____

Identifie les adverbes dans tes questions. Encercle en rouge les adverbes de manière, en bleu les adverbes de lieu, en vert les adverbes de quantité et en jaune les adverbes de temps.

Vérifie si tu as utilisé la majuscule et le point d'interrogation.

Encercle la terminaison du verbe et relie-le par une flèche à son sujet.

Quel message d'encouragement donnerais-tu à une personne âgée ?
_____
_____
_____
_____
_____
_____
_____
_____
_____

Feuille reproductible © 1998 Chenelière/McGraw-Hill

Voyage dans le temps

Avec une ou un camarade, imagine une courte saynète à partir d'une photo ancienne semblable à celles qui apparaissent dans les pages suivantes.

Description des trois photos anciennes :

1. Théophile vient de s'acheter une voiture. Il est une des rares personnes de son village à en posséder une. Imagine la surprise des gens lorsqu'ils le voient arriver.

2. Ernestine et Claude se rendent à cheval à une fête du temps des sucres. Avant de partir, ils doivent atteler Catin, leur bonne vieille jument. En quoi consistent les préparatifs ? Est-ce que Julie, leur fille, s'est beaucoup amusée ?

3. Imagine que tu vis en 1945. Comment te sens-tu ? Comment vis-tu ? Que fais-tu comme travail ?

Présente la photo de ton choix au reste de la classe. Si possible, tu peux confectionner des décors.

Feuille reproductible © 1998 Chenelière/McGraw-Hill

GROUPE 1 — J'ÉTAIS JEUNE, IL N'Y A PAS SI LONGTEMPS...

MODULE 3 — GROUPE 1

Feuille reproductible © 1998 Chenelière/McGraw-Hill

GROUPE 1 — J'ÉTAIS JEUNE, IL N'Y A PAS SI LONGTEMPS...

C'était le bon vieux temps

1. À partir de photos anciennes :

    - discute de la vie économique des gens de cette époque ;

    - décris les sentiments que t'inspire chaque photo ;

    - explore en quoi l'évolution de la technologie a modifié le monde (transport, habitation, travail, communication).

2. Examine quelques tableaux datant du début du siècle.

    Tu peux y observer la condition sociale de l'époque.

    Décris les émotions que ces œuvres suscitent en toi.

    Explique en quoi les œuvres peuvent véhiculer de nombreuses valeurs ou croyances.

    Selon toi, comment les arts permettent-ils de comprendre le passé de nos ancêtres et de conserver notre patrimoine ?

Feuille reproductible © 1998 Chenelière/McGraw-Hill

Un peu de calcul

1. Un fuseau horaire est une des 24 parties imaginaires tracées à la surface de la Terre. Le fuseau horaire est formé de deux demi-cercles allant d'un pôle à l'autre. Chaque fois qu'on se déplace d'un fuseau horaire vers l'est, il est une heure plus tard ; lorsqu'on se déplace d'un fuseau horaire vers l'ouest, il est une heure plus tôt. Combien de fuseaux horaires séparent Arles de l'Ontario ?

2. Quand il est 9 h ici, quelle heure est-il à Arles ?

3. Quel âge avait Jeanne Calment lorsque le Japonais Shigechiyo Izumi est décédé en février 1986 ?

INTERNET

1. Tu peux trouver une photo de Mme Jeanne Calment à cette adresse électronique :

    http://avsunxsvr.aeiveos.com/longevity/jlcinfo.html

2. On attribue la longévité à toutes sortes de raisons. Navigue aux adresses suivantes pour découvrir certains facteurs qui peuvent expliquer l'âge auquel est parvenu le Japonais Shigechiyo Izumi.

    http://webknx.com/cmn/info.shtml

    http://www.all-natural.com/oldest.html

Nomme deux facteurs que tu as découverts.
_____
_____

3. Fais quelques calculs sur la longévité à partir du tableau que tu trouveras à l'adresse suivante :

    http://avsunxsvr.aeiveos.com/longevity/longrec.html

    a) Quel est le pays le mieux représenté dans ce tableau ? _____

    b) Quelle est la moyenne d'âge des dix premières personnes ? _____

Quelques idées à explorer

1. L'art d'un temps

Amenez les élèves visiter des endroits de votre localité où ils pourraient examiner des œuvres d'art datant d'une autre époque.

2. Recherche

Les élèves pourraient faire une recherche sur certaines maladies rattachées au vieillissement, telles que la maladie d'Alzheimer, l'anorexie chez les gens âgés, l'ostéoporose.

3. Au sujet du vieillissement

Vous pourriez communiquer avec des organismes publics tels que des associations locales ou provinciales pour obtenir de l'information dans des domaines rattachés au vieillissement.

4. Noé

Invitez les élèves à lire le poème de Francine Ouellette, Noé (pages 98 à 100). Discutez ensuite de la dureté de la vie de nos ancêtres et de la reconnaissance que l'on doit à celles et à ceux qui ont travaillé fort pour que l'on ait une vie meilleure. Présentez Francine Ouellette en tant qu'auteure canadienne-française.

5. Langage d'autrefois

Faites découvrir aux élèves des expressions typiquement canadiennes-françaises comme celles que propose l'activité « Langage d'autrefois ». (Voir à la page 102).

6. Une visite bien spéciale

Chaque communauté a au moins un centre pour personnes âgées. Une visite des élèves à des personnes âgées donne l'occasion de créer des liens extraordinaires et de travailler plusieurs notions scolaires de façon agréable et dans un contexte vivant. Il est bon de renseigner les parents sur cette sortie afin de les aider à s'engager dans les apprentissages de leurs enfants. Vous trouverez un exemple de lettre à envoyer aux parents à la page 101.

Feuille reproductible © 1998 Chenelière/McGraw-Hill

Noé

Noé ! Noé !
    Qui es-tu ?
    Pour qui te prends-tu ?
    Pour le patriarche
    Sur son arche ?
    Avec les semences du futur paradis
    Et les étalons des futures races ?

Noé ! Noé !
    Face au déluge du pays conquis
    Et à l'exil de la populace
    Tu mènes ta descendance
    Avec une rare vaillance.

Noé ! Noé !
    Sais-tu la souffrance ?
    As-tu l'endurance ?
    Et la chance ?

Noé ! Noé !
> Ton arche, c'est ton traîneau.
> Ta mer, c'est la neige.
> Le déluge, c'est quoi ?
> La pauvreté ? L'exil ? L'agonie d'une race ?

Noé ! Noé !
> Sur ton traîneau
> Pourquoi vas-tu t'user ?
> Quel sol vas-tu donc reconquérir
> Au risque de mourir ?

Noé ! Noé !
> Avec tes enfants au Sud et au Nord
> Que partout le froid mord.
> Avec la misère, en échange
> D'une terre, d'une maison, d'une grange.
> Avec la garantie de tes mains
> Pour assurer le pain.
> Avec tes muscles entêtés
> Tu redonnes la fierté
> À ton peuple bafoué
> Durant de longues années.

Noé ! Noé !
> Au cœur inquiet de père,
> Au cœur puissant de bâtisseur,
> Au cœur croyant de chrétien,
> Soudés tous ensemble dans ta poitrine obstinée

Tu mènes courageusement vers leur destinée
Les enfants à l'allure fière
Qui reprendront nos frontières.

Noé ! Noé !
Enfants de Noé, aujourd'hui enracinés
Sur les terres essouchées
N'oubliez jamais l'ancêtre
Qui vous a menés
Jusqu'au bien-être
De vos maisons chauffées.

N'oubliez jamais ce sentier
Dans la neige creusée.
N'oubliez ni les bœufs
Ni les enfants valeureux.
Ni ce grand vent
Et ce froid malfaisant
Qui, sur la peau de Noé,
Mordait à belles dents
Sans que jamais, il eût abandonné.

(Extrait de OUELLETTE, Francine, *Au nom du père et du fils*, Montréal, Les Éditions la Presse, 1987.)

Chers parents,

Au cours des prochaines semaines, votre enfant participera à un projet très spécial. En effet, nous aborderons plusieurs thèmes touchant les personnes âgées et nous élaborerons des activités afin d'étudier des éléments du curriculum de façon pluridisciplinaire. Le point culminant de cette expérience sera sans doute notre rencontre avec des personnes âgées où les élèves auront l'occasion de faire une entrevue.

Voici les grandes lignes de ce projet :

1. Sensibilisation au monde du troisième âge :
   - sentiments éprouvés par une personne âgée ;
   - étude d'un poème écrit par une aînée ;
   - maladies rattachées à la vieillesse ;
   - besoins particuliers.

2. Préparation de l'entrevue :
   - étude des différentes façons de formuler des questions ;
   - élaboration de techniques facilitantes pour obtenir des renseignements ;
   - conduite d'une entrevue à partir de mises en situation ;
   - intégration de la lecture, de l'écriture, des difficultés grammaticales (adverbes, phrases interrogatives).

3. Retour :
   - préparation d'un compte rendu écrit de l'entrevue (par exemple, un article de journal) ;
   - utilisation de supports visuels ;
   - création d'une émission de radio étudiante relatant les faits les plus marquants ;
   - lettres de remerciement aux résidants.

Nous croyons que cette sortie sera une occasion unique non seulement de faire le lien entre les notions théoriques et les réalités de la vie, mais également de grandir sur le plan moral et sur celui de la communication.

Mes amicales salutations.

Langage d'autrefois

Voici quelques expressions qui étaient d'usage courant autrefois et qui reflètent bien la vie de nos ancêtres.

- Durant la saison des récoltes, les cultivateurs travaillaient **d'un fanal à l'autre** tous les jours.
  (du matin au soir)

- Ah ben ! bonjour ! **viens te tirer une bûche,** qu'on se parle à propos de nos jeunes.
  (viens t'asseoir)

- Veux-tu bien ouvrir **tes portes de grange** avant de rouspéter.
  (grandes oreilles)

- Il faut être **fort comme un bœuf** pour travailler sans arrêt.
  (très vigoureux)

- **Pépère** adore manger de la **minoune.**
  (grand-père, graisse de rôti)

- Elle a **les yeux dans la graisse de bines.**
  (regard langoureux)

- Si tu arrives en retard, tu **passeras sous la table.**
  (sauteras un repas)

- Elle **a perdu un pain de sa cuite** car elle n'a pas eu l'emploi qu'elle souhaitait obtenir.
  (a eu une déception)

___

(Expressions tirées de DESJARDINS-LAFLEUR, Lise, *Parlure à saveur de chez nous*, agenda 1992, Saint-Lambert, Les éditions Héritage inc., 1991, 190 p.)

MODULE 4
Tel un oiseau...

VUE D'ENSEMBLE DU MODULE

SAVOIR-FAIRE À DÉVELOPPER

Les élèves :
- communiquent de façon efficace ;
- résolvent des problèmes et prennent des décisions ;
- manifestent leur perception du monde en tant que réseau de systèmes connexes ;
- appliquent les compétences nécessaires pour vivre et travailler en harmonie avec les autres ;
- explorent diverses possibilités en matière d'éducation et de carrière ;
- exercent leur habilité à se fixer des objectifs ;
- pratiquent l'apprentissage coopératif.

PROJETS

- Recherche sur un métier rattaché au domaine de l'aéronautique ;
- fabrication d'un modèle d'avion.

PARTENARIAT

- Aéroport et compagnies aériennes.

NOUVELLES TECHNOLOGIES

- Recherches sur Internet.

ATTENTES SPÉCIFIQUES

ARTS

Les élèves :
- découvrent les supports artistiques et médiatiques utilisés par la publicité ;
- font preuve de connaissance et de respect de soi et des autres ;
- réalisent des productions artistiques.

MATHÉMATIQUES, SCIENCES ET TECHNOLOGIE

Les élèves :
- utilisent du matériel pour explorer un concept ;
- effectuent des calculs de circonférence, d'aire et de rayon ;
- prennent des mesures ;
- établissent des liens de cause à effet ;
- effectuent des transformations d'une figure ;
- recueillent, présentent et interprètent des données ;
- explorent la notion de fraction et de pourcentage ;
- découvrent l'influence de la technologie ;
- explorent une variété de solutions ;
- explorent des carrières en mathématiques, en sciences et en technologie ;
- utilisent la technologie de manière efficace.

FRANÇAIS

Les élèves pratiquent :
- la communication interpersonnelle ;
- l'écoute active lors d'une présentation ;
- la discussion en équipe ;
- les formes d'écriture (récits, compte rendu, entrevue) ;
- l'analyse de textes ;
- l'utilisation et l'intégration de l'information ;
- l'application de stratégies de lecture ;
- l'écriture avec intention en fonction de destinataires ;
- exploration des ressources médiatiques ;
- les structures de phrase.

ÉTUDES SOCIALES

Les élèves :
- résolvent des problèmes ;
- exercent des habiletés sociales ;
- démontrent leur connaissance de soi en fonction d'un choix de carrière ;
- reconnaissent les caractéristiques de différentes situations de travail.

MISE EN SITUATION

✔ Demandez aux élèves s'ils ont déjà fait un tour d'avion. Suscitez la discussion en posant des questions comme les suivantes.

— Avez-vous eu peur en avion ?

— Comment vous sentiez-vous pendant votre envolée ?

— Qu'est-ce qui vous a le plus impressionnés ?

— Connaissez-vous les Snowbird ?

— À quelle vitesse volent les Snowbird ?

— Comment vous sentiriez-vous si vous pouviez piloter un tel avion ?

— Quelles sont les mesures de sécurité à respecter à bord d'un tel appareil ? (Par exemple, s'attacher.)

— Y en a-t-il parmi vous qui ont déjà été malades en avion ?

— Qu'est-ce que l'on retrouve dans les avions au cas où des gens seraient malades ?

✔ Si vous disposez d'une photo d'un Snowbird, examinez avec les élèves les différentes parties de l'avion.

Tel un oiseau...

C'est mon grand-père Deschamps qui aurait été fier. Lui qui aimait tellement les avions.

J'ai piloté un Snowbird vendredi dernier. À 1200 pieds d'altitude, à 350 kilomètres à l'heure, dans le ciel d'Ottawa, j'ai piloté un Snowbird.

Le pilote, Jean Guilbault, s'occupait de la vitesse et moi je dirigeais l'avion. Un peu comme dans un jeu de Nintendo. Pour une dizaine de minutes, je volais à ma guise comme un oiseau, par-dessus, en dessous et à travers les nuages. Je volais. Comme les hirondelles de mon grand-père. Je volais. Quelle sensation indescriptible.

Malgré la veste de sauvetage sur les épaules, le parachute de 35 livres sur le dos, le masque à oxygène sur la bouche, le casque protecteur sur la tête et les ceintures de sécurité qui me collaient à mon siège, je me suis senti si libre. Mais quand je pense que j'ai failli rater cette occasion...

Oh, j'étais prêt, vendredi matin. Je « pétais le feu » à mon réveil.

— Tu sais quoi, Jean-Michel ?

— Non, répond-il, entre deux bouchées de *Rice Krispies.*

— Papa va voler en Snowbird, aujourd'hui. Tu me salueras de la main quand tu les verras passer.

— As-tu peur ?

— Non, pas vraiment.

Et je ne mentais pas. Bien sûr, j'étais un peu stressé, disons, mais je savais que j'étais l'un des rares chanceux à vivre cette expérience. Et aussi curieux soit-il, j'avais hâte. Très hâte même.

Je me présente donc à l'aéroport d'Ottawa à 9 h pile, comme on me l'avait demandé. « Premièrement, dit le caporal Woodward en commençant son cours, je vais vous montrer comment utiliser le siège éjectable. Dans l'avion, vous trouverez deux petites manettes jaunes à vos chevilles. Si le pilote crie "*eject*" trois fois, vous tirez sur ces manettes et vous serez propulsé hors de l'avion. Assurez-vous d'éjecter au premier "*eject*" du pilote. Parce que lui s'éjectera en criant le troisième. Et si vous êtes toujours à bord du Snowbird au troisième "*eject*", bien... mes sympathies. »

Le caporal nous explique ensuite que le laps de temps entre le siège qui éjecte hors de l'avion et votre parachute qui s'ouvre automatiquement est d'environ quatre secondes... « La force G (20 G !) est si grande, que lorsque vous éjectez de l'avion, tout votre sang se rend directement dans vos pieds. Vous allez donc vous évanouir pendant une quinzaine de secondes. Lorsque vous allez revenir à vous, vous serez en train de flotter vers le sol. Bon. Je vais maintenant vous montrer comment atterrir en parachute sur la terre ferme et dans l'eau. »

— Excusez-moi, M. Woodward. Quelles sont les chances que... que j'utilise le siège éjectable ?

— Lorsque les neuf Snowbird volent en formation, répond-il, il y a une distance de trois pieds entre les ailes des appareils. Il y a un risque.

Trois pieds ! Siège éjectable. Parachute. Force G. Évanouir. Risque... Maman !!

« La dernière partie du cours, reprend le caporal Woodward, est peut-être la plus importante. Dans la poche droite du pantalon de votre uniforme, vous trouverez votre *boarding pass.* »

J'ai ensuite appris que le *boarding pass* est un petit sac dans lequel... dans lequel les *Rice Krispies* de ce matin pourraient finir leurs jours, disons.

Quelques minutes plus tard, je suis assis dans un Snowbird. Non. Je suis attaché dans un Snowbird, masque à oxygène sur la bouche. Je peux bouger mes bras, mes jambes et mon cou. Mais mon corps est *strappé* au siège. J'attends que le pilote prenne sa place à mes côtés. Plus question de changer d'idée. Veux, veux pas, dans quelques minutes, je survolerai la Colline parlementaire à une vitesse vertigineuse, entouré de huit avions. Je me tape sur la cuisse. Parfait, mon *boarding pass* est là...

Les Snowbird ont décollé en formation. Le vol a duré environ 60 minutes. Certes l'heure la plus enlevante, la plus excitante, et la plus extraordinaire de ma vie. Et je n'ai même pas eu besoin de mon *boarding pass*... À un moment donné, durant le vol, les Snowbirds se sont séparés. « Vas-y, c'est le temps, me dit le capitaine Guilbault. Prends les contrôles. L'avion est à toi. Et j'ai piloté un Snowbird. Pendant dix minutes, j'ai volé. Comme les hirondelles de mon grand-père.

(Extrait de GRATTON, Denis « Tel un oiseau », Hull, *Le Droit*, mardi 2 juillet 1996.)

LECTURE TEL UN OISEAU... 109

Tel un oiseau...

1. De quoi parle le texte ?
   _____
   _____

2. Quel sentiment avait l'auteur avant de partir ? Comment se sentait-il à son retour ? Quels indices te permettent de le savoir ?
   _____
   _____

3. Énumère les mesures de sécurité que le caporal a expliquées avant le départ.
   _____
   _____

4. À quel risque fait-il allusion ?
   _____
   _____

5. Que penses-tu de l'aventure qui est décrite dans le texte ?
   _____
   _____

Feuille reproductible © 1998 Chenelière/McGraw-Hill

Un peu de calcul... de pilote

1. Construis différents modèles d'avion selon les critères suivants :

   a) utilise un cylindre pour le fuselage (tu devras calculer la circonférence, l'aire, le rayon...) ;

   b) explore la relation entre la longueur des ailes et celle du fuselage ; par exemple, détermine la fraction et le pourcentage correspondants ;

   c) utilise du matériel recyclé.

2. À partir du dessin de ton avion, trace sur du papier quadrillé ou à points l'image par rotation après 1/4 de tour, après 1/2 tour et après 3/4 de tour selon que le centre de rotation se trouve sur le contour du dessin ou à l'extérieur du dessin. Indique bien le centre de rotation et dessine les flèches correspondant à la transformation géométrique effectuée.

3. Imagine des problèmes à l'intention de tes camarades de classe. Fais subir des translations, des réflexions ou des rotations au dessin de ton avion, puis trace la figure obtenue. Invite tes camarades à deviner la transformation géométrique que tu as appliquée à ton dessin et à l'indiquer par une flèche.

4. Effectue un sondage auprès des élèves de ta classe et d'autres classes, pour savoir combien ont pris l'avion et combien de fois. Consigne les données dans un tableau. À partir de l'étendue des données choisies, détermine les intervalles que tu utiliseras dans un pictogramme ou un diagramme à bandes pour les représenter. Inclus une légende, les titres des axes et un titre pour le diagramme. Compare les résultats des différentes classes. Peux-tu expliquer les ressemblances ou les différences ?

Feuille reproductible © 1998 Chenelière/McGraw-Hill

ÉCRITURE 1 TEL UN OISEAU...

Comme un oiseau

Remplace les termes en italique dans les phrases suivantes par des mots ou des expressions françaises de ton choix. Tu dois conserver le sens du texte.

1. Vous trouverez votre *boarding pass* :
___

2. Mon corps est *strappé* au siège :
___

3. Le pilote a crié « *eject* » :
___

Partons à la découverte...
de l'aviation

Fais une recherche dans une encyclopédie ou tout autre ouvrage de référence afin de compléter ces phrases.

1. Le premier vol des frères Wright eut lieu le 17 décembre_____.

2. Lors de ce premier vol, l'avion resta _____ secondes au-dessus du sol.

3. L'avion était piloté par _____ Wright.

4. Le premier vol s'effectua aux États-Unis, plus précisément dans l'état de _____.

Maintenant, j'écris...

1. Tu dois prendre l'avion lors de tes prochaines vacances. Vers quelle destination iras-tu ? Quel type d'avion choisiras-tu ? Quelles sont toutes les responsabilités auxquelles tu dois faire face avant de partir ?

   _____
   _____
   _____
   _____

2. Raconte un voyage que tu as fait en avion. Comment te sentais-tu ? Qu'as-tu fait pendant le trajet ? Comment s'est passé le voyage ?

   _____
   _____
   _____
   _____

3. Si tu étais pilote... Décris comment se dérouleraient tes journées en avion. Où volerais-tu ? À quoi penserais-tu dans ton avion ?

   _____
   _____
   _____
   _____

Ce que j'en pense...

À partir des questions suivantes, émets ton opinion et essaie de la justifier selon ton expérience personnelle ou les informations dont tu disposes.

1. Le métier de pilote est-il un métier dangereux, selon toi ?
   _____
   _____
   _____
   _____

2. Tu sais qu'un billet d'avion coûte très cher. Il y a bien entendu une taxe spéciale sur l'essence qui augmente le prix du voyage. Que penses-tu de cette taxe ?
   _____
   _____
   _____
   _____

3. Les Snowbird volent en formation très rapprochée. On peut les voir lors de certains spectacles. Es-tu d'accord avec ces démonstrations ?
   _____
   _____
   _____
   _____
   _____

INTERNET

1. Effectue la recherche suivante :

    Laboratoire de recherche en vol

    Voici l'adresse :

    http://www.nrc.ca/iar/fr_general-f.html

    a) Dans quelle ville se situe le laboratoire de recherche en vol ?

    _____

    _____

    b) Quels sont les deux rôles principaux de la flotte de l'Institut de recherche aérospatiale ?

    _____

    _____

2. Musée national de l'aviation

    Si tu vas à l'adresse suivante, tu pourras faire un tour du musée :

    http://www.aviation.smnst.ca

    – Choisis *français*.

    – Choisis *pour les écoles*.

Quelques idées à explorer

1. **D'hier à aujourd'hui**

    Amenez les élèves à prendre conscience de l'évolution des avions à partir des premiers moments de l'invention jusqu'à aujourd'hui.

2. **Différents types d'avion**

    Vous pourriez inviter une ou un pilote à venir rencontrer les élèves pour décrire les caractéristiques importantes de certains avions : avion de brousse, avion-citerne, avion-ambulance, gros porteur, jet… Faites le lien entre la forme, les aspects techniques et l'utilité de certains types d'avion.

3. **Visite de l'aéroport local et d'une compagnie aérienne**

    Amenez les élèves à faire le lien entre le monde des affaires et le rôle du transport aérien. Expliquez l'interrelation des différents métiers : pilote, préposée et préposé aux bagages, agente et agent de bord, contrôleuse et contrôleur aérienne de la navigation…

4. **Entrevue**

    Proposez aux élèves de mener une entrevue auprès d'une personne rattachée au domaine de l'aviation.

    La présentation devra indiquer les éléments suivants :

    – les études requises pour exercer ce métier ;

    – les qualités essentielles ;

    – les plus grandes difficultés rencontrées ;

    – les plus grands plaisirs que procure l'exercice de ce métier ;

    – l'importance du travail d'équipe ;

    – les outils technologiques utilisés (données informatisées, pilotage automatique, instruments de vol, etc.).

5. Modèle réduit d'avion

Invitez les élèves à construire un modèle réduit d'avion. Ils devront :

- faire un plan et calculer des mesures ;

- observer l'avion lorsqu'ils le propulsent dans les airs (longueur du trajet, tracé du parcours : ligne droite, courbe, ou vrilles) ;

- tenter de trouver les raisons à l'origine des phénomènes observés ;

- expérimenter différentes variantes du prototype (par exemple, modifier la longueur des ailes, la symétrie des formes, le poids).

Vous pourriez profiter de l'expérimentation des modèles d'avion pour parler de la gravitation.

Examinez différentes explications fournies par les élèves afin de cerner quelques solutions aux problèmes de conception rencontrés.

6. Regard sur la publicité des compagnies aériennes

Invitez les élèves à examiner différents dépliants publicitaires de compagnies aériennes. Demandez-leur de définir à quels supports artistiques et médiatiques ces dernières ont recours.

MODULE 5
Ne tuez pas les loups !

VUE D'ENSEMBLE DU MODULE

SAVOIR-FAIRE À DÉVELOPPER

Les élèves :
- communiquent de façon efficace ;
- résolvent des problèmes et prennent des décisions éclairées ;
- font preuve d'esprit critique et de créativité ;
- exercent les compétences nécessaires pour vivre et travailler en harmonie avec les autres ;
- font preuve d'autonomie dans leur travail ;
- exercent leur habileté à se fixer des objectifs.

PROJETS

- Maquette : un parc différent (formes géométriques) ;
- fiche descriptive d'un animal sauvage de l'Ontario et présentation de cet animal.

DÉVELOPPEMENT CULTUREL

- Expressions françaises.

NOUVELLES TECHNOLOGIES

- Recherches sur Internet.

ATTENTES SPÉCIFIQUES

ARTS

Les élèves :
- reconnaissent des aspects de leurs créations et de celles des autres grâce auxquels les œuvres sont réussies ;
- utilisent du matériel et des techniques variés ;
- conçoivent des projets artistiques à partir de questions environnementales ;
- choisissent comme sujets des expériences personnelles et culturelles.

MATHÉMATIQUES, SCIENCES ET TECHNOLOGIE

Les élèves :
- explorent la géométrie ;
- effectuent des calculs et des mesures ;
- étudient des systèmes biogéographiques ;
- intègrent les mathématiques, les sciences et la technologie ;
- étudient des écosystèmes ;
- adoptent une attitude personnelle face à l'environnement ;
- découvrent l'interrelation entre les systèmes naturels et humains ;
- réalisent des activités pour protéger l'environnement.

FRANÇAIS

Les élèves pratiquent :
- la communication interpersonnelle ;
- la communication selon l'intention ;
- l'écoute active lors d'une présentation ;
- la discussion en équipe ;
- les présentations formelles ;
- la lecture personnelle ;
- les formes d'écriture (fiche descriptive d'un animal, éditorial, bande dessinée) ;
- l'analyse de textes ;
- l'utilisation et l'intégration de l'information ;
- l'application de stratégies de lecture ;
- l'écriture avec intention et en fonction de destinataires ;
- le processus d'écriture ;
- l'organisation d'un produit médiatique.

ÉTUDES SOCIALES

Les élèves :
- examinent la contribution de la nature au bien-être des êtres humains ;
- comparent l'environnement physique de diverses régions du Canada ;
- explorent la cartographie.

MISE EN SITUATION

Ne tuez pas les loups !

✔ Amenez les élèves à se questionner sur le loup.

Tout le monde a une histoire de loup à raconter. Tout le monde a sa propre opinion sur les loups. Pour des gens, c'est une bête dangereuse et pour d'autres, c'est une créature inoffensive.

✔ Montrez où se situe le parc Algonquin sur une carte de l'Ontario.

✔ Posez aux élèves des questions comme les suivantes.

— Qui a déjà campé dans le parc Algonquin ?

— Quelqu'un a-t-il déjà entendu les loups ?

— Avez-vous peur des loups ?

— De quoi se nourrissent les loups ?

— Que pensez-vous de l'idée d'éliminer les loups ?

— Quelles conséquences une telle action pourrait-elle avoir ?

Il est possible d'entendre les loups au parc Algonquin. Certains soirs d'été, les guides du parc dirigent les gens sur un site à l'écart des bruits courants et on peut entendre des loups. En effet, les loups répondent aux humains lorsque ceux-ci imitent leur hurlement. C'est une belle occasion d'entrer en contact avec cet animal fascinant.

Tuer les loups, c'est tuer le parc

L'idée d'exterminer les loups du parc peut sembler surprenante, voire choquante, aujourd'hui, mais il ne fait aucun doute que l'élimination totale des loups — et en particulier des loups du parc Algonquin — était fortement souhaitée par de nombreux Ontariens, il y a encore quelques dizaines d'années.

Le fait est que, pendant plus d'un demi-siècle, les gardes forestiers du parc ont employé régulièrement fusils, collets, pièges et même poisons pour tuer des loups. Ce n'est qu'en 1960 que les loups ont enfin été protégés, pour permettre à des biologistes d'étudier une population de loups non dérangée par les humains. Nous savons maintenant que le nombre d'animaux tués par les gardes forestiers n'a eu que peu d'effet sur la population totale de loups, même quand de 50 à 60 bêtes étaient tuées chaque année sur un total d'environ 300. Mais, si les gardes avaient été un peu plus nombreux ou le parc un peu plus petit, il est tout à fait possible que les loups aient été exterminés, comme ils l'ont été dans les autres régions du sud du Canada, et pratiquement sur tout le territoire des États-Unis.

La question qui mérite vraiment d'être posée quand on s'intéresse à l'histoire du parc est la suivante : l'élimination des loups aurait-elle vraiment fait une différence ? Après tout, ces animaux n'ont jamais été très nombreux (un loup pour 10 milles carrés, au plus), et leur rareté associée à leur timidité naturelle fait qu'il a toujours été très difficile de les apercevoir.

Le monde entier abonde d'exemples montrant que les conséquences de l'élimination locale des grands prédateurs peuvent être terribles, et qu'elles vont bien au-delà de la simple disparition des prédateurs eux-mêmes.

Au lieu de simplement supprimer les prédateurs, on risque d'endommager l'écosystème que l'on désire protéger. De nombreux exemples existent en Amérique du Nord, l'un des plus connus étant celui du plateau Kaibad, en Arizona. Dans cette région, des milliers de pumas, loups, coyotes et lynx furent tués pour protéger quelque 3000 cerfs mulets. Les prédateurs ayant été éliminés, la population de cerfs mulets explosa littéralement, atteignant bientôt près de 100 000 têtes. La végétation fut dévastée, plusieurs espèces sauvages furent menacées d'extinction, et une grande partie des cerfs mulets moururent de faim. En s'efforçant d'améliorer la nature, en éliminant les prédateurs, l'être humain avait pratiquement détruit tout un écosystème. Ainsi, plusieurs petits parcs de l'Amérique du Nord qui ont perdu leurs grands prédateurs voient leur écosystème menacé d'effondrement.

Le parc national américain de Yellowstone est l'un de ces endroits où les humains ont réussi à complètement éliminer les loups. Ceci a eu pour effet de déséquilibrer dangereusement l'écosystème. Les wapitis et les bisons sont plus nombreux qu'ils ne le seraient en présence de loups, et les mouflons d'Amérique et les cerfs mulets sont, quant à eux, plus rares qu'ils ne devraient l'être.

Vue sous cet angle, la situation du parc Algonquin fait figure d'heureuse exception. Nous avons toujours nos loups — même si nous avons essayé à une époque de nous en débarrasser ! Et ils jouent, aujourd'hui comme depuis toujours, un rôle essentiel dans l'écosystème du parc Algonquin.

(Extrait du document intitulé *Nouvelles du parc Algonquin* publié par le Ministère des Richesses naturelles de l'Ontario, 5 août 1993. Droits d'auteur : 1997, Imprimeur de la Reine pour l'Ontario.)

Tuer les loups, c'est tuer le parc

Complète les phrases suivantes.

1. Il y a plusieurs années, les Ontariens voulaient éliminer _____

2. Les gardes forestiers ont tenté d'exterminer les loups en utilisant _____

3. En 1960, on a protégé les loups pour que _____

4. Avant 1960, deux raisons principales ont fait que les loups n'ont pas été exterminés : _____

5. Il y a des endroits où on ne retrouve plus de loups, par exemple _____

6. Un des problèmes de l'élimination des grands prédateurs est que _____

7. En Arizona, on a voulu protéger les cerfs mulets en tuant des milliers de pumas, de loups, de coyotes et de lynx. Il s'est produit le phénomène suivant : _____

8. Dans le parc Yellowstone, on constate un déséquilibre dans l'écosystème. En effet, certains animaux tels que _____

Jouons avec les chiffres

1. Un siècle, c'est _____ ans. Dans le texte, on dit que *pendant plus d'un demi-siècle, les gardes forestiers du parc ont employé régulièrement fusils, collets, pièges et même poisons pour tuer des loups.* Un demi-siècle dure ___ ans.

2. Une dizaine d'années équivaut à _____ ans. Dans le texte, on mentionne que *l'élimination totale des loups — et en particulier des loups du parc Algonquin — était fortement souhaitée par de nombreux Ontariens, il y a encore quelques dizaines d'années.* Supposons que l'on parle de 6 dizaines. De combien d'années s'agit-il ? _____

3. En 1960, le gouvernement a décidé de protéger les loups. Combien d'années se sont écoulées depuis ? _____

4. On dit qu'il y a un loup dans 10 milles carrés.
   - Un mille carré c'est _____
   - Combien de loups devrait-il y avoir dans 100 milles carrés ? _____

5. Au début du texte (deuxième paragraphe), on mentionne qu'il y a environ 300 loups dans le parc. Quelle est l'étendue du parc ? _____

Jouons avec les mots... des animaux

1. Que signifie le mot exterminer ? _____

2. Trouve un mot à l'intérieur du mot *rareté* : _____
   Que signifie le mot *rareté* ? _____

3. Un prédateur, c'est _____

4. À l'aide d'une encyclopédie, complète les énoncés suivants :

   Le chevreuil :
   - famille des _____
   - nom de la femelle : _____
   - nom du petit : _____

   Le lièvre :
   - mammifère de l'ordre des _____
   - nom de la femelle : _____
   - l'expression *avoir une mémoire de lièvre* signifie qu'on a une mémoire _____
   - l'expression *courir deux lièvres à la fois* signifie _____
   _____

   Le loup :
   - un carnassier de la famille des _____
   - cri du loup : _____
   - l'expression *entre chien et loup* signifie _____

Maintenant, j'écris...

1. Imagine qu'il n'y a plus de loups sur Terre. Quelles sont les conséquences sur notre écosystème ? Explique ton point de vue dans la forme de ton choix :

   - l'éditorial ;

   - la bande dessinée ;

   - la saynète.

2. Sur la feuille que tu recevras en classe, prépare la fiche descriptive d'un animal sauvage de l'Ontario. Ta fiche devra comporter les éléments suivants :

   - ses caractéristiques (aspect, nombre et allure de ses pattes, grandeur, couleur) ;

   - son habitat (où vit-il ?) ;

   - sa nourriture ;

   - ses ennemis ;

   - ses habitudes de vie (que fait-il le jour ? la nuit ?) ;

   - sa reproduction (quel est le temps de gestation et le nombre de petits par portée ?).

Tu peux présenter ton projet par une maquette qui représente l'environnement de ton animal.

Fiche descriptive d'un animal

Nom de l'élève : _____

Nom de l'animal choisi : _____

Caractéristiques : _____
_____
_____
_____
_____
_____
_____
_____
_____

Habitat : _____
_____
_____
_____
_____
_____

Nourriture : _____
_____
_____
_____

Ennemis : _____
_____
_____
_____
_____
_____

Habitudes de vie : _____
_____
_____
_____
_____
_____

Reproduction : _____
_____
_____
_____
_____
_____
_____
_____

Mode de présentation : _____
_____
_____
_____
_____
_____

Voici ce que j'ai appris : _____
_____
_____
_____
_____
_____
_____

Le loup et ses expressions

Art dramatique

Chaque équipe doit mimer une des expressions suivantes.

1. Être comme le loup blanc : être connu de tout le monde.
2. Froid de loup : froid très rigoureux.
3. Hurler avec les loups : faire comme les autres.
4. Jeune loup : jeune homme ambitieux, soucieux de faire carrière.
5. Loup de mer : vieux marin.
6. Marcher à pas de loup : marcher sans bruit avec l'intention de surprendre.

Art visuel

Confectionnez des affiches sur lesquelles des dessins représentent les expressions ci-dessus.

INTERNET

1. Va à l'adresse suivante :

    http://www.jxd.qc.ca/athabasca/photos/p_33.html

Tu y découvriras une jolie fleur nommée gueule de loup.

   a) De quelle couleur est cette fleur ? _____

   b) Elle fait partie de la famille des _____

   c) Les gueules de loup sont aussi appelées _____

2. Rends-toi maintenant à l'adresse suivante :

    http://www.2.sympatico.ca/revues/coureur/novembre/carte.html

3. Tu y découvriras une carte du parc Algonquin ainsi que le trajet effectué par le coureur des neiges. Nomme l'endroit où s'est passée la deuxième nuit.

    _____

Tu découvriras un timbre représentant le parc Algonquin en te rendant à l'adresse suivante :

    http://www.ireseau.com/usagers/marcelg/pc_on.htm

   a) En quelle année fut créé le parc Algonquin ? _____

   b) Si tu désires en savoir plus sur le parc Algonquin, clique à l'endroit approprié. Tu pourras voir des photos du parc découvrir la température qu'il y fait.

Quelques idées à explorer

1. Un peu de cartographie

Invitez les élèves à retrouver le parc Algonquin sur une carte géographique.

Demandez-leur de calculer la distance entre les villes suivantes et l'entrée du parc la plus rapprochée.

Profitez de l'occasion pour faire prendre conscience aux élèves de l'environnement physique de ces différents lieux.

Kingston : _____   Montréal _____

Ottawa : _____   Vancouver : _____

Toronto : _____   Winnipeg : _____

Sudbury : _____   Calgary : _____

Sault-Ste-Marie : _____   Halifax : _____

La ville où tu habites : _____

Dites aux élèves de trouver deux trajets pour se rendre au parc Algonquin à partir de leur localité. Ils doivent calculer le nombre de kilomètres à parcourir dans chaque cas et indiquer le trajet le plus court.

2. Un parc très différent

Proposez aux élèves d'imaginer un parc très différent du parc Algonquin, où les animaux sont formés de solides géométriques. Invitez-les à concevoir un animal à partir de plusieurs solides géométriques parmi les suivants :

- cube,
- prisme droit à base triangulaire,
- prisme monoclinique,
- octaèdre,
- sphère,
- pyramide,
- cube octaédrique,
- prisme droit à base rectangulaire,
- prisme droit à base hexagonale,
- tétraèdre,
- cylindre,
- cône,
- cube tronqué,
- octaèdre tronqué.

Feuille reproductible © 1998 Chenelière/McGraw-Hill

MODULE 6
Anna, je ne t'oublierai jamais

VUE D'ENSEMBLE DU MODULE

SAVOIR-FAIRE À DÉVELOPPER

Les élèves :
- communiquent de façon efficace ;
- exercent les compétences nécessaires pour vivre et travailler en harmonie avec les autres ;
- utilisent l'apprentissage coopératif ;
- exercent leur habilité à se fixer des objectifs ;
- exercent leur sens de l'initiative.

PROJETS
- Murale collective.

DÉVELOPPEMENT CULTUREL
- Réalités du quotidien dans un autre pays.

NOUVELLES TECHNOLOGIES
- Recherches sur Internet.

PARTENARIAT
- Casques bleus de l'armée canadienne.

ATTENTES SPÉCIFIQUES

ARTS

Les élèves :
- participent aux activités artistiques ;
- conçoivent des créations artistiques en utilisant des techniques étudiées en classe ;
- réalisent des productions artistiques ;
- démontrent une appréciation des œuvres artistiques.

MATHÉMATIQUES, SCIENCES ET TECHNOLOGIE

Les élèves :
- effectuent des opérations ;
- font des estimations et des mesures ;
- étudient des méthodes variées de résolution de problèmes ;
- utilisent divers polygones réguliers pour former un dallage ;
- utilisent des solides géométriques.

FRANÇAIS

Les élèves pratiquent :
- la communication interpersonnelle ;
- la communication selon l'intention ;
- l'écoute active lors d'une présentation ;
- la discussion en équipe ;
- le processus d'écriture ;
- les formes d'écriture (lettre, message) ;
- l'analyse de textes ;
- l'utilisation et l'intégration de l'information ;
- l'application de stratégies de lecture ;
- l'écriture pour s'exprimer et communiquer ;
- l'orthographe d'usage et l'accord grammatical.

ÉTUDES SOCIALES

Les élèves :
- adoptent une attitude positive de résolution de problèmes ;
- découvrent des formes de violence, leurs causes et les conséquences qui en découlent ;
- s'engagent dans la défense des questions de l'heure ;
- étudient de nouveaux sites géographiques ;
- prennent position sur des sujets d'actualité mondiale.

MISE EN SITUATION

Anna, je ne t'oublierai jamais

✔ Vous pouvez inviter un membre de l'armée canadienne qui a vécu en Bosnie à venir faire une présentation.

✔ Demandez aux élèves ce qu'ils connaissent de la Bosnie.

✔ Vous pourriez charger quelques élèves de faire une petite recherche au centre de ressources.

— Quelle est la capitale de ce pays ?

— Que se passe-t-il en Bosnie ?

— De quel type d'avion l'armée se sert-elle principalement pour transporter ses troupes et son matériel ?

— Comment te sentirais-tu si tu allais vivre quelques jours en Bosnie et si tu y rencontrais les gens ?

Anna, je ne t'oublierai jamais

Elle prendra fin cette guerre. C'est Anna, une fillette de six ans, qui me l'a dit lors de la visite d'un centre pour réfugiés à Visoko.

Il faisait terriblement froid. Nous grelottions dans le hall d'entrée de l'école transformée en abri pour quelque 600 femmes et enfants, venus de tous les coins de l'enfer. La fillette aux grands yeux bleus s'est approchée. Elle m'a regardé longuement, et m'a demandé de me pencher. Doucement, elle m'a soufflé à l'oreille : « Si vous avez froid, vous pouvez aller à ma chambre, c'est plus chaud là. »

Anna a vu son père et son frère se faire tuer par les soldats serbes. Elle vit dans la misère et ne reçoit qu'un morceau de pain par jour pour subsister. Et elle s'inquiétait de mon sort ! J'ai voulu la prendre dans mes bras, la presser sur mon cœur et la garder avec moi jusqu'au Canada.

Lorsque le Hercule des Forces armées s'est envolé en direction d'Ancona, en Italie, loin de l'enfer de Sarajevo, les autres ont jeté un dernier coup d'œil pour admirer une dernière fois la beauté du paysage.

J'ai gardé la tête baissée.

Les yeux fermés, j'ai écouté le ronronnement des moteurs. Je n'ai pas regardé en arrière. La beauté de ce pays, vu du ciel, cache un visage atroce que je ne peux plus voir, que je ne peux plus regarder.

Les Forces armées nous avaient promis trois jours de repos à bord du destroyer Iroquois, qui patrouille le va-et-vient des bateaux sur la mer Adriatique. « On pourra se reposer et oublier » a lancé le militaire assis à mes côtés. Oublier ? Comment oublier les milliers d'enfants de Sarajevo, pieds nus dans la neige, qui portent la main à leur bouche au passage des jeeps canadiennes ? Comment oublier ces milliers d'hommes et de femmes, prisonniers de leur ville, Sarajevo, et qui mourront de froid et de faim cet hiver ?

Adieu Anna, je ne t'oublierai jamais.

(Extrait de GRATTON, Denis, « Anna, je ne t'oublierai jamais », *Le Droit*, 6 décembre 1993.)

Anna, je ne t'oublierai jamais

1. Où l'auteur a-t-il rencontré la fillette ?
   _____

2. Pourquoi lui a-t-elle offert d'aller à sa chambre ?
   _____

3. Anna a vécu plusieurs événements marquants depuis le début de la guerre. Nomme trois difficultés auxquelles elle a dû faire face :
   a) _____
   b) _____
   c) _____

4. Que signifient les mots et expressions en italique dans les énoncés suivants ?
   a) Elle ne reçoit qu'un morceau de pain par jour pour *subsister*.
   _____

   b) Le *Hercule* des Forces armées s'est envolé.
   _____

   c) Quelque 600 femmes et enfants, *venus de tous les coins de l'enfer*.
   _____

Savais-tu que...

Les casques bleus

C'est à l'occasion de la crise de Suez, en 1956, que s'est mis en place le mécanisme d'intervention de l'ONU — différent de celui prévu par la charte — pour désamorcer les conflits armés.

Il est constitué par les Forces d'urgence de l'ONU. Celles-ci se composent de troupes armées (communément appelées « casques bleus ») fournies par les États membres. Leur intervention, décidée par le Conseil de sécurité ou, exceptionnellement, par l'Assemblée générale, n'est pas offensive et ne peut avoir lieu sans l'accord des États en conflit. Les casques bleus doivent seulement servir de « tampons » entre les belligérants et n'ont le droit d'employer les armes qu'en cas de légitime défense.

Tiré de l'*Encyclopédie Larousse Mémo*, 1993.)

Maintenant, j'écris...

Tu dois écrire à un casque bleu pour l'encourager dans son travail de maintien de la paix.

Que lui diras-tu ? Quel message aimerais-tu lui transmettre ?

Partons à la découverte... du monde

Observe cette carte géographique.

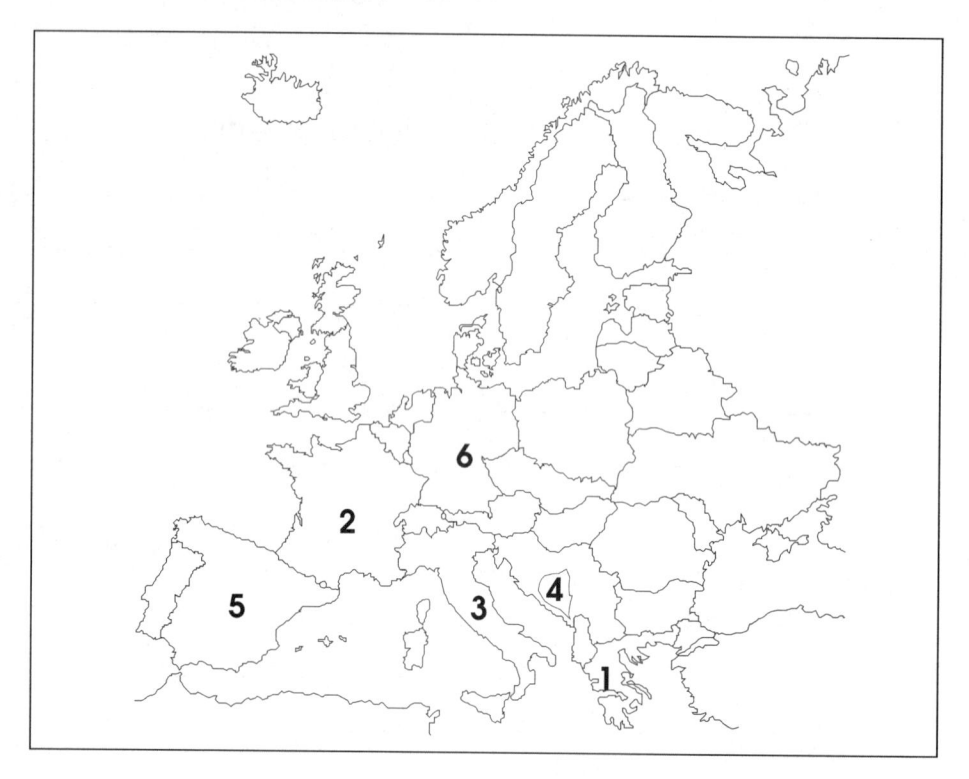

Sers-toi des indices suivants pour associer le pays au numéro qui le représente sur la carte.

___ L'Italie a la forme d'une botte.

___ La France se situe entre l'Allemagne et l'Espagne.

___ La Grèce touche à la mer Méditerranée.

___ L'Allemagne est à l'est de la France.

___ L'Espagne est à l'ouest de l'Italie.

___ La Bosnie-Herzégovine devient en 1945-1946 l'une des six républiques fédérées de la Yougoslavie. En 1990 eurent lieu les premières élections libres puis, en 1992, la proclamation de l'indépendance.

Pour vérifier tes réponses, navigue aux adresses électroniques suivantes :

http://www.lib.utexas.edu/Libs/PCL/Map_collection/Map_collection.html

http://www.city.net/regions/europe/maps/

http://www.city.net/regions/europe/maps/balkan.html

Ordino-défi

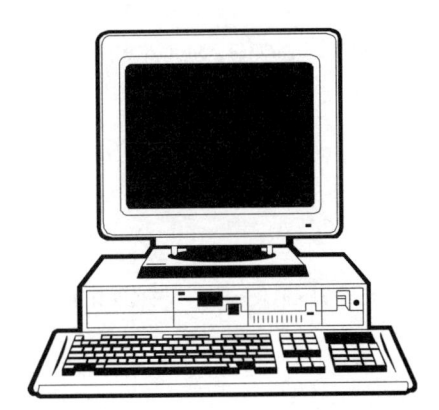

À l'aide du cédérom Axis, fais une recherche sur la Bosnie.

Voici comment faire :

Dans CHAMPS DE RECHERCHE, écris *Bosnie-Herzégovine*.

1. Complète les phrases suivantes.

    a) La Bosnie a une superficie de_____ km^2.

    b) La population est de _____ habitants.

2. Réponds aux questions suivantes.

    a) Les habitants de la Bosnie exploitent différentes cultures.

       Nomme les deux principales cultures.

       _____

    b) Donne un exemple de minerai exploité en Bosnie.

       _____

Artiste au travail

Fais un dessin sur l'un des thèmes suivants.

1. L'expression *des gens venus de tous les coins de l'enfer.*

2. Une journée à Sarajevo.

3. Le camp de réfugiés tel que tu l'imagines.

4. « J'ai fait un rêve… Sur la Terre, il n'y aurait plus de guerre ni de chicane. » Illustre ce rêve.

Mon thème est : _____

Apprendre à faire des compromis

Cette activité vise à faire prendre conscience aux élèves qu'une chicane est aussi une petite guerre et, par conséquent, qu'il est important de faire des compromis et de résoudre pacifiquement leurs conflits. Soumettez aux élèves les consignes suivantes.

En équipe, vous devez déterminer qui jouera le rôle de chef. Vous n'arriverez probablement pas à vous entendre tout de suite sur ce choix. Chaque membre de l'équipe doit présenter ses arguments tout en respectant l'opinion de chaque individu de l'équipe.

Posez ensuite des questions comme la suivante pour orienter la discussion.

- Quels moyens pouvons-nous prendre pour résoudre nos conflits ?

En équipe, les élèves font l'énumération des sources de conflits à l'école.

Exemples : – un élève dit des mots grossiers à un autre élève ;

– l'équipe de soccer de l'école perd la partie et les élèves démontrent de la frustration ;

– un élève ne participe pas comme il le devrait à un travail d'équipe.

Ils font ensuite la liste des moyens qu'ils peuvent utiliser pour régler chaque conflit de manière pacifique.

Vous pouvez distribuer la feuille reproductible « Je règle un conflit » pour aider les élèves à faire la synthèse de l'activité. Si vous engagez les parents dans le processus de résolution de conflit, non seulement ils en sauront davantage sur les activités pédagogiques de leurs enfants, mais ils pourront également offrir leur appui afin de véhiculer les mêmes valeurs que l'école.

En guise de complément, les élèves peuvent confectionner une affiche identifiée par un seul mot lié au thème (amitié, guerre, paix, angoisse, solidarité, compromis, conflit).

Invitez chaque élève à composer un message de paix.

Je règle un conflit

Nom de l'élève : _____

1. Situation de conflit : _____
   Émotions ressenties : _____
   Solutions non violentes pour régler le conflit : _____
   _____
   _____

2. Situation de conflit : _____
   Émotions ressenties : _____
   Solutions non violentes pour régler le conflit : _____
   _____
   _____

3. Situation de conflit : _____
   Émotions ressenties : _____
   Solutions non violentes pour régler le conflit : _____
   _____
   _____

4. Situation de conflit : _____
   Émotions ressenties : _____
   Solutions non violentes pour régler le conflit : _____
   _____
   _____

Signature des parents : _____

INTERNET

La Bosnie

a) Entre l'adresse suivante :

http://www.lib.utexas.edu/Libs/PCL/Map_collection/Map_collection.html

Clique sur *Bosnia Maps*. Choisis ensuite parmi les sujets suivants :

– l'économie :

- Bosnia Economy Map ;

– les ethnies :

- Bosnia Ethnic Majorities ;

– Herzégovine :

- Bosnia and Herzegowina ;

– Région de Sarajevo :

- Sarajewo Region (tactical pilotage chart) ;
- Sarajewo (panoramic view).

Présente à la classe un court résumé de ce que tu as découvert.

Quelques idées à explorer

1. Œuvre collective

Proposez aux élèves de créer une murale collective ayant comme thème : « J'ai fait un rêve... Sur la Terre, il n'y a plus de guerre ni de chicane » au moyen des techniques artistiques enseignées et du matériel approprié. Les techniques artistiques enseignées peuvent être, par exemple, les hachures, les points, les taches, les dégradés, la mise en place du dessin et son environnement, la symétrie ou la dissymétrie calculée, le respect des proportions, la ligne d'horizon et les points de fuite.

Voici des suggestions de matériel à utiliser dans le cadre de cette création artistique : des craies, des crayons de couleur, de la gouache, de l'encre et des plumes, du papier coloré ou blanc, des cartons... Le contour de la murale doit comprendre une mosaïque. Profitez de cette expérience de travail de groupe pour appliquer des notions de calcul, d'estimation et de mesure.

2. D'un Hercule à l'autre

Le Hercule est un type d'avion employé par les forces armées canadiennes. Hercule est aussi un dieu romain associé à la force. Vous pourriez demander aux enfants ce que signifie une force « herculéenne ».

3. Logo pacifique

Invitez les élèves à dessiner un logo qui servirait à promouvoir la fin de la guerre.

4. En plus petit

Les élèves pourraient fabriquer la maquette d'un camp de réfugiés. Dites-leur d'utiliser des solides et des figures géométriques variées.

MODULE 7
Au pays des Inuit

VUE D'ENSEMBLE DU MODULE

SAVOIR-FAIRE À DÉVELOPPER

Les élèves :
- participent de façon efficace à des discussions de groupe ;
- appliquent les compétences nécessaires pour vivre et travailler en harmonie avec les autres ;
- exercent leur habileté à se fixer des objectifs ;
- démontrent de l'autonomie au travail ;
- appliquent des stratégies permettant de solutionner de nouveaux problèmes.

NOUVELLES TECHNOLOGIES

- Recherches sur Internet.

PROJETS

- Recherche sur un aspect de l'Arctique canadien ;
- planification d'un voyage dans l'Arctique canadien.

DÉVELOPPEMENT CULTUREL

- Familiarisation avec une autre culture : la culture inuit.

PARTENARIAT

- Compagnies aériennes ;
- agences touristiques ;
- organismes gouvernementaux ;

ATTENTES SPÉCIFIQUES

ARTS

Les élèves :
- constatent que les œuvres peuvent véhiculer des idées ;
- découvrent la forme artistique comme véhicule de messages ;
- utilisent la musique et l'art dramatique pour exprimer un message ;
- reconnaissent les aspects de leurs créations et de celles des autres grâce auxquels les œuvres sont réussies ;
- réalisent des productions artistiques ;
- étudient l'art inuit.

MATHÉMATIQUES, SCIENCES ET TECHNOLOGIE

Les élèves :
- tracent des graphiques ;
- effectuent des calculs pour comprendre les concepts de fraction et d'aire ;
- étudient l'adaptation à l'environnement ;
- explorent la présentation de données à l'aide de tableaux et de graphiques ;
- font l'analyse de moyens technologiques utilisés par les Inuit ;
- démontrent une compréhension de certaines unités de mesure conventionnelles ;
- appliquent la notion de pourcentage.

FRANÇAIS

Les élèves pratiquent :
- la communication interpersonnelle ;
- la communication selon l'intention ;
- la discussion de groupe ;
- l'analyse de textes ;
- les formes d'écriture (message, recherche, conte, demande de renseignements) ;
- les stratégies de lecture ;
- l'utilisation des mots nouveaux ;
- l'application de notions grammaticales ;
- le processus d'écriture ;
- l'exploration des ressources médiatiques.

De plus, ils établissent des liens avec les autres champs d'étude.

ÉTUDES SOCIALES

Les élèves :
- examinent les attitudes de divers groupes envers l'environnement et leurs répercussions ;
- étudient la géographie du Canada ;
- analysent la contribution de divers groupes à l'histoire du Canada ;
- analysent l'interaction des humains avec les systèmes naturels.

MISE EN SITUATION

✔ Pour sensibiliser les élèves aux réalités de l'Arctique canadien, vous pouvez leur montrer des photos comme celles que nous publions ici. Vous pouvez par ailleurs vous procurer de magnifiques affiches auprès du gouvernement des Territoires du Nord-Ouest.

✔ Il serait important d'exposer une carte géographique et d'y situer l'Arctique canadien, l'Arctique québécois mentionné dans le texte Nunavik, Iqaluit et Montréal de même que la localité des élèves. C'est une belle occasion de discuter avec les élèves de certains éléments de géographie comme la taïga et la toundra, atlas à l'appui.

✔ Posez aux élèves des questions comme celles qui suivent.

— Quelle idée vous faites-vous de l'Arctique canadien ?

— Où se trouve l'Arctique canadien sur la carte géographique ?

— Comment peut-on s'y rendre ?

— De quelles cultures font partie les gens qu'on peut rencontrer dans l'Arctique canadien ?

— Quelles sont les conditions de vie dans cette région ?

— En quoi les coutumes des Inuit ont-elles beaucoup changé avec les années ?

— Nommez des animaux qu'on retrouve dans l'Arctique.

Au pays des Inuit

Depuis quelques années, le Nunavik (anciennement appelé Nouveau-Québec) est devenu une destination touristique pour les amateurs de chasse, de pêche, d'aventure et de plein air.

AU PAYS DES INUIT

Chaque jour, un Boeing 727 de First Air relie le Nunavik à Montréal avec un vol de deux heures seulement. Ces deux heures permettent de passer d'une vie de citadin à une vie d'aventurier. La porte d'entrée dans l'Arctique québécois se trouve à Kuujjuaq, une des 14 communautés inuit au Nunavik. Le dépaysement commence à s'opérer, la taïga cède sa place à la toundra. Le caribou et le bœuf musqué remplacent le cerf de Virginie et l'original. Mais si vous voulez vous dépayser complètement, prenez alors un vol d'Air Inuit. Des Twin-Otter DHC-6 et des Sideley-Hawker 7-48, véritables avions-taxis, desservent les 13 autres communautés situées plus au nord. Au fur et à mesure que ces avions se dirigent vers la partie septentrionale du Québec, la taïga disparaît et laisse la place à la toundra. Les montagnes et le rivage marin apparaissent. Phoques, morses, bélugas et ours polaires prennent le relais.

Le Nunavik est la patrie des Inuit du Québec. Cette région, qui se trouve au-dessus du 55e parallèle, occupe une surface de 500 000 km^2 et représente le tiers de l'ensemble de notre province. Sa population est d'environ 10 000 personnes dont 500 Blancs, 2000 Cris (vivant uniquement à Kuujjuaraapik, dans la baie d'Hudson) et près de 7500 Inuit qui se répartissent dans 14 villages situés le long de la baie d'Hudson, du détroit d'Hudson et de la baie d'Ungava. Le peuple inuit est, de loin, le plus étudié par les scientifiques, les anthropologues, les ethnologues et les archéologues du monde. Ils sont en réalité 115 000 à se répartir dans la partie arctique de la Russie, de l'Alaska, du Canada et du Groenland. Trente-six mille d'entre eux vivent au Canada, 60 % des Inuit ont moins de 25 ans et près de la moitié, moins de 18 ans.

Il y a moins de 45 ans, ce peuple autochtone vivait dans des igloos en hiver et des tentes en peau de caribou en été. Présentement, les habitants vivent dans des maisons et des blocs-appartements. La jeune génération oublie peu à peu les anciennes mœurs et coutumes de ses ancêtres.

En moins d'un demi-siècle, les Inuit sont passés de la préhistoire à l'âge de l'ordinateur. Seuls les aînés (aujourd'hui peu nombreux dans la population) connaissent les anciennes coutumes. Tandis que les vieilles personnes continuent de manger le béluga, le phoque, le caribou et du morse faisandé, les jeunes se gavent de Pepsi-Cola, de chips, de friandises et autres nourritures provenant du sud et coûtant très cher sous cette latitude. Culturellement, on peut dire qu'une révolution est en train de se faire chez les Inuit canadiens : celle de passer d'une culture du phoque à la culture du hamburger ! Mais les Inuit ne perdent pas leur langue. Si la jeune génération apprend l'anglais ou le français à l'école, elle continue d'apprendre l'inuktitut. L'écriture de l'inuktitut exige la connaissance de 56 phonèmes (un signe par son). Chaque signe correspond à une syllabe. Il n'existe aucune règle grammaticale dans cette langue autochtone.

De nombreux sites archéologiques, parfois très vieux, sont souvent mis au jour par des chercheurs scientifiques. Ces sites paraissent avoir été abandonnés il y a une quarantaine d'années alors qu'ils ont plus de 1000 ans ! Deux îles uniques au monde présentent des gravures (ou pétroglyphes) de têtes d'Inuit taillées dans la fameuse « pierre à savon » (stéatite) et laissées par les premiers Inuit.

Wakeham Bay est le village le plus près du Grand Cratère du Nouveau-Québec, d'un diamètre de plus de 2 km creusé il y a plus de 1,4 million d'années par la chute d'une météorite. Cet immense trou est occupé par un lac d'un diamètre de 2,7 km dont l'eau est l'une des plus douces et des plus transparentes au monde !

Note de l'éditeur :
Jusqu'à la fin de l'année 1997, le terme Inuit *était invariable. Cette règle grammaticale a été modifiée après la rédaction de cet article. Pour plus de cohérence, nous avons maintenu, dans le texte et les exercices, la règle qui prévalait alors.*

(Extrait de SYLVESTRE, Jean-Pierre, « Au pays de l'ours polaire », Hull, *Le Droit*, samedi 11 novembre 1995.)

Au pays des Inuit

1. Énumère quelques raisons pour lesquelles les gens se rendent au Nunavik.

   _____
   _____

2. Comment t'y prendrais-tu pour te rendre dans les communautés situées le plus au nord de l'Arctique canadien ?

   _____
   _____

3. D'après toi, pourquoi le peuple inuit fait-il l'objet d'études ?

   _____
   _____

4. Quels changements note-t-on dans le mode de vie des jeunes par rapport à celui des ancêtres ?

   _____
   _____

5. Pourquoi dit-on que les Inuit canadiens sont en train de passer de la culture du phoque à celle du *hamburger* ?

   _____
   _____

6. On dit dans le texte que certains sites datant de 1000 ans paraissent avoir été abandonnés il y a à peine 40 ans. D'après toi, de quoi cela dépend-il ?

   _____
   _____

Jouons avec les mots

1. Trouve un mot ou une expression pour remplacer aînés dans la phrase suivante : Seuls les aînés connaissent les coutumes.
   _____

2. Donne la définition des mots suivants :

   anthropologie : _____
   _____

   anthropologue : _____
   _____

   ethnologie : _____
   _____

   ethnologue : _____
   _____

   archéologie : _____
   _____

   archéologue : _____
   _____

3. D'après toi, que signifie le suffixe *ologue* à la fin d'un mot ?
   _____

4. D'après l'expression *vivant uniquement à Kuujjuaraapik*, pourquoi vivant ne prend-il pas de « s » final ?
   _____

5. Dans la première phrase, on peut lire « le Nunavik (anciennement appelé Nouveau-Québec) ». Pourquoi écrit-on *appelé* avec seul un « l » ?
   _____

Feuille reproductible © 1998 Chenelière/McGraw-Hill

Un peu de calcul

1. On dit qu'il y a 115 000 Inuit dans le monde et que, de ce nombre, 36 000 vivent au Canada. Quel est le pourcentage d'Inuit qui vivent au Canada ? _____

2. On dit dans le texte que la patrie des Inuit du Québec occupe une superficie de 500 000 km^2 et représente le tiers de cette province. Quelle est approximativement la superficie totale de la province de Québec ? _____

3. D'après le texte, *en moins d'un demi-siècle, les Inuit sont passés de la préhistoire à l'âge de l'ordinateur.* Si un siècle dure 100 ans, combien d'années y a-t-il dans un demi-siècle ? _____

Savais-tu que...

- On parle souvent des *Esquimaux*, mais le terme Inuit est plus approprié. Le mot *Esquimau* vient de la langue crie et signifie *mangeur de viande crue*. Dans la langue inuktitut, le mot *Inuit* signifie hommes.

- Les ancêtres des Inuit habitaient l'Arctique il y a 5000 ans. Ils ont dû développer des moyens assez originaux pour survivre. Aujourd'hui, on utilise encore plusieurs moyens techniques inventés par les Inuit. Ils ont fait preuve d'inventivité quand on pense au peu de ressources dont ils disposaient. Le kayak est un exemple de leur créativité.

- Environ 65 espèces d'oiseaux passent l'été dans le Haut-Arctique et moins de 6, dont le grand corbeau, le lagopède des rochers et le faucon gerfaut y demeurent à longueur d'année.

- Le pergélisol est un sol dont la température demeure sous 0 °C pendant au moins une année. On prétend que l'épaisseur du pergélisol de l'Arctique canadien varie entre 300 m et 600 m. On croit même que cette épaisseur peut atteindre 1000 m sur la terre de Baffin et l'Île Ellesmere. Par-dessus le pergélisol, on retrouve la couche active du sol, d'une épaisseur généralement inférieure à 1 m, qui gèle en hiver et qui dégèle en été.

- Une *banquise* est constituée de la glace qui se forme en mer. Environ 80 % de la banquise est vieille de plus d'un an. Cette glace est plus dure et moins salée que la glace nouvelle, car le sel s'est déposé dans la mer avec le temps, ce qui la rend propre à la consommation une fois fondue.

(Sources : *S'acclimater aux îles de l'Arctique*, dépliant produit par Pétro-Canada, C.P. 2844, Cagary, Alberta, T2P 2M7 ainsi que l'expérience de l'auteure lors d'un séjour de deux ans, dans l'Arctique canadien.)

Un regard sur l'art inuit

Sais-tu pourquoi on appelle pierre à savon la pierre que les Inuit utilisent pour fabriquer leurs magnifiques sculptures ?

C'est parce que lors du polissage de la pierre, les Inuit trempent celle-ci dans l'eau et une petite mousse se forme à la surface comme s'il y avait du savon.

Les Inuit racontent leurs histoires de chasse, leurs légendes et leurs croyances par les sculptures de pierre à savon.

Trouve un symbole rattaché à la culture inuit et crée une sculpture à partir d'un matériau facilement transformable (par exemple, pâte à modeler, styromousse).

Définis le message que tu veux transmettre au moyen de ta sculpture.

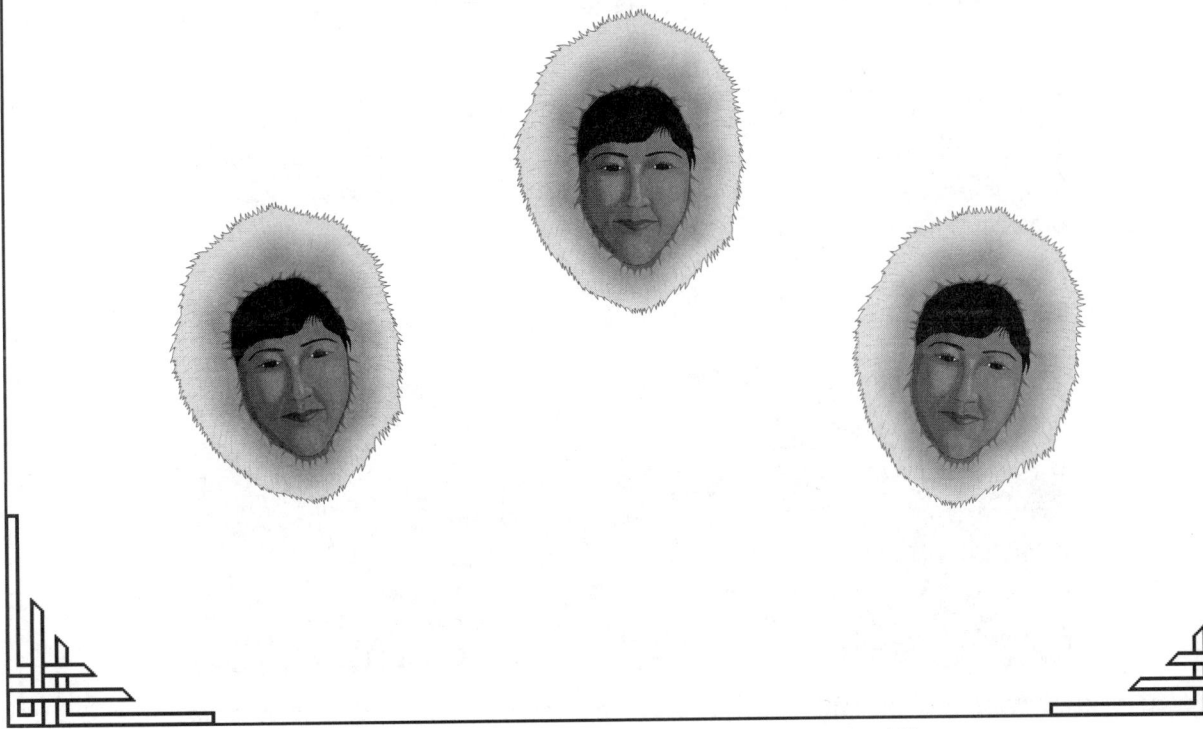

Maintenant, j'écris...

1. Tu arrives dans l'Arctique et tu rencontres des Inuit qui parlent seulement la langue inuktitut. Comment t'y prendras-tu pour communiquer avec eux ?

2. Il fait noir. Te voilà poursuivi par un animal. Tu crois qu'il s'agit d'un ours polaire. Que se passera-t-il ?

Construisons...

Avec une ou un camarade, tente de construire un igloo. N'oublie pas que les Inuit choisissent un terrain où il semble y avoir assez de neige durcie pour monter les murs de l'igloo. Ils taillent les premiers blocs de l'igloo dans la neige qui se trouve au centre. De cette façon, ils dépensent moins d'énergie pour le transport des blocs de neige en plus d'agrandir l'espace à l'intérieur de l'igloo.

La langue inuktitut

À l'aide du tableau suivant, découvre comment écrire ton nom en inuktitut.

Avec une ou un camarade, essaie ensuite de trouver, à partir des sons représentés, comment tu peux écrire les prénoms des élèves de ta classe.

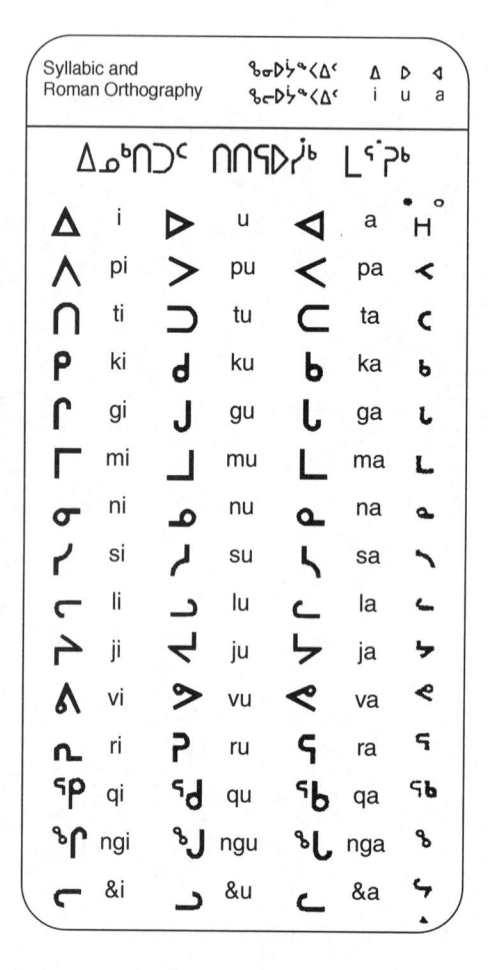

Syllabic and Roman Orthography	ᖃᐅᔨᓴᕐᕕᐅᑦ	ᐃ ᐅ ᐊ
	ᖃᐅᔨᓴᕐᕕᐅᑦ	i u a

	i		u		a		
ᐃ	i	ᐅ	u	ᐊ	a	ᐦ	°h
ᐱ	pi	ᐳ	pu	ᐸ	pa	ᑉ	
ᑎ	ti	ᑐ	tu	ᑕ	ta	ᑦ	
ᑭ	ki	ᑯ	ku	ᑲ	ka	ᒃ	
ᒋ	gi	ᒍ	gu	ᒐ	ga	ᒡ	
ᒥ	mi	ᒧ	mu	ᒪ	ma	ᒻ	
ᓂ	ni	ᓄ	nu	ᓇ	na	ᓐ	
ᓯ	si	ᓱ	su	ᓴ	sa	ᔅ	
ᓕ	li	ᓗ	lu	ᓚ	la	ᓪ	
ᔨ	ji	ᔪ	ju	ᔭ	ja	ᔾ	
ᕕ	vi	ᕗ	vu	ᕙ	va	ᕝ	
ᕆ	ri	ᕈ	ru	ᕋ	ra	ᕐ	
ᕿ	qi	ᖁ	qu	ᖃ	qa	ᖅ	
ᖏ	ngi	ᖑ	ngu	ᖓ	nga	ᖕ	
ᖠ	&i	ᖢ	&u	ᖤ	&a	ᖦ	

(Source : Inuit Cultural Institute, Eskimo Point, N-W.T., X0C 0E0, Canada.)

ARTS — AU PAYS DES INUIT — **161**

J'y pense...

1. Observe la neige, la couleur du ciel et l'architecture des bâtiments. Quel sentiment cette photo t'inspire-t-elle ?

2. Imagine que tu vis dans l'Arctique, bien au chaud dans ta maison. Tout à coup, une tempête de neige se lève. Que se passe-t-il alors ?

   Invente une histoire, mime ton récit et crée une musique à l'aide d'instruments de percussion.

Feuille reproductible © 1998 Chenelière/McGraw-Hill

Comparons les températures

Remplis le tableau suivant pendant quelques jours et effectue les calculs nécessaires. Examine les résultats. Quelle conclusion peux-tu en tirer ?

Quelle est la moyenne des températures maximales à Iqaluit et dans ta localité pour la même période ?

Températures maximales dans la ville d'Iqaluit et dans ma localité

Date	Température maximale à Iqaluit (°C)	Température maximale dans ma localité (°C)	Différence (°C)

Pour remplir le tableau de températures, tu peux te rendre sur Internet au site d'Environnement Canada à l'adresse suivante :

http://weather.tor.ec.gc.ca/currentf.html

Inscris le nom de la ville dont tu recherches les conditions de météo ou clique sur la carte à l'endroit approprié.

Feuille reproductible © 1998 Chenelière/McGraw-Hill

INTERNET

AU PAYS DES INUIT

163

INTERNET

1. Pour découvrir la francophonie dans les Territoires du Nord-Ouest, rends-toi à l'adresse suivante :

    http://natsiq.nunanet.com/~afi/

    Nomme deux journaux dont on fait mention :

    _____

    _____

    Rends-toi au site de l'un de ces journaux en cliquant sur le nom et fais un résumé de deux nouvelles importantes.

    _____

    _____

2. Rends-toi ensuite au site du journal *L'Aquilon* à l'adresse suivante :

    http://users.internorth.com/~aquilon/sondage.html

    Réponds au sondage et fais-le parvenir au seul hebdomadaire français dans les Territoires du Nord-Ouest.

3. Effectue la recherche suivante sur le territoire Nunavut puis réponds aux questions.

    Voici l'adresse :

    http://ellesmere.ccm.emr.ca/cgndb/français/schoolnet/nunavut.html

    a) En quelle année a-t-on sanctionné une loi constituant le territoire nommé Nunavut ?

    _____

    b) En quelle année cette loi entrera-t-elle en vigueur ?

    _____

    c) On dit que lors d'un plébiscite, on a choisi Iqaluit comme capitale de Nunavut. Que signifie le mot *plébiscite* ?

    _____

    d) Le Nunavut est voisin de trois provinces. Lesquelles ?

    _____

Feuille reproductible © 1998 Chenelière/McGraw-Hill

Quelques idées à explorer

1. **À la hausse, à la baisse**

   Les élèves pourraient créer différents types de graphiques pour représenter les données qu'ils ont recueillies sur les températures.

2. **À la découverte de l'Arctique**

   Proposez aux élèves de réaliser un projet sur un aspect de l'Arctique canadien :

   - la faune de l'Arctique canadien ;
   - la flore de l'Arctique canadien ;
   - une ville ou un village de l'Arctique canadien ;
   - les moyens de transport traditionnels des Inuit et l'influence de la technologie sur leur mode de vie ;
   - la culture inuit (habillement, nourriture, habitation, style de vie) ;
   - les aurores boréales ;
   - le soleil de minuit.

   Les élèves travailleront en équipe. Mentionnez que leur projet devra traiter d'au moins trois des aspects précédents.

3. **En route pour l'aventure**

   - Invitez les élèves à planifier un voyage dans l'Arctique canadien. Dites-leur d'indiquer le but du voyage (tourisme, chasse, affaires...) et la destination ;
   - d'évaluer le coût du voyage et de l'hébergement. Pour ce faire, ils peuvent s'adresser à des compagnies aériennes, à des agences de voyage ou aux villes concernées ;
   - de dresser la liste de ce qu'il faut apporter, comme des vêtements chauds (surtout si c'est l'hiver) ainsi que l'équipement de survie, si nécessaire.

Feuille reproductible © 1998 Chenelière/McGraw-Hill

MODULE 8
Vous mourez d'envie de fumer ?

VUE D'ENSEMBLE DU MODULE

SAVOIR-FAIRE À DÉVELOPPER

Les élèves :
- communiquent de façon efficace en cherchant à améliorer leur expression orale ;
- font des choix judicieux concernant leur mode de vie ;
- exercent leur habilité à se fixer des objectifs ;
- appliquent des stratégies permettant de solutionner de nouveaux problèmes ;
- assument la responsabilité de leur part de travail au sein de l'équipe.

NOUVELLES TECHNOLOGIES

- Recherches sur Internet ;
- emploi de cédéroms.

PROJETS

- Entrevue et présentation des informations recueillies ;
- saynète représentant les procédés des compagnies de cigarettes dans la publicité.

PARTENARIAT

- Membres de la communauté (pour l'entrevue) ;
- autres classes de l'école (pour la présentation de la saynète) ;
- gouvernement, associations et regroupements faisant la lutte au tabac.

ATTENTES SPÉCIFIQUES

ARTS

Les élèves :
- utilisent des supports artistiques et médiatiques pour passer un message ;
- appliquent à d'autres champs d'étude leurs compétences en arts (saynète) ;
- réalisent des productions artistiques qui expriment leurs pensées.

MATHÉMATIQUES, SCIENCES ET TECHNOLOGIE

Les élèves :
- interprètent des graphiques ;
- exercent leur sens des nombres ;
- effectuent des calculs ;
- travaillent avec des valeurs monétaires ;
- font des liens de cause à effet ;
- mènent une enquête ;
- examinent des statistiques ;
- présentent des données ;
- étudient le système respiratoire et ses parties.

FRANÇAIS

Les élèves pratiquent :
- la communication interpersonnelle ;
- la communication selon l'intention ;
- l'écoute active lors d'une présentation ;
- la discussion en équipe ;
- la présentation de leurs projets ;
- les formes d'écriture (compte rendu d'une entrevue, lettre d'opinion).
- l'utilisation juste des termes ;
- l'analyse de textes et l'expression de leurs réactions ;
- l'utilisation et l'intégration de l'information ;
- l'application de stratégies de lecture ;
- le décodage de mots nouveaux ;
- l'écriture sous diverses formes ;
- l'intégration de mots nouveaux ;

ÉTUDES SOCIALES

Les élèves :
- s'informent sur les drogues (en particulier le tabac et les conséquences du tabagisme) ;
- s'expriment sur des questions de l'heure (les droits des non-fumeuses et des non-fumeurs) ;
- apprennent la loi relative au tabagisme ;
- examinent des choix de comportements et leur effet sur la santé.

MISE EN SITUATION

✔ Vous pourriez inviter une personne qui a cessé de fumer à venir parler aux élèves des méfaits du tabagisme et des raisons qui l'ont poussée à bannir la cigarette de sa vie. Elle peut expliquer les raisons qui l'ont incitée à commencer à fumer et les difficultés qu'elle a rencontrées pour mettre fin à cette dépendance.

✔ Demandez aux élèves d'énumérer des maladies causées par le tabagisme.

✔ Posez-leur des questions comme les suivantes.

— Le tabagisme entraîne-t-il d'autres problèmes que des problèmes des santé ? (Par exemple, des problèmes d'argent.)

— Combien coûte un paquet de cigarettes ?

— Quelle somme dépense en une semaine un individu qui fume un paquet de cigarettes par jour ?

— Que savez-vous de la composition d'une cigarette ?

En guise de complément, nous vous invitons à lire les quatre autres témoignages de l'article de William Ecenbarger paru dans le Sélection du Reader's Digest *de janvier 1993.*

Vous mourez d'envie de fumer ?

L'un de mes plus précieux souvenirs d'enfance est celui de grand-maman en train de me servir le thé dans une fine tasse de porcelaine de Chine décorée à la main, l'une des huit qui trônaient sur une étagère dans sa salle à manger. Puis elle m'embrasse et me dit : « Trudy, un jour elles seront à toi. »

À peu près à la même époque — j'avais six ans — je voyais souvent une femme passer devant mon école. Elle était grande et belle, avec un maquillage parfait et de longs ongles rouges. Et, entre deux doigts, elle tenait une cigarette. Je n'ai jamais su son nom, mais elle a été mon idole pendant des années.

VOUS MOUREZ D'ENVIE DE FUMER ?

Un soir où mes parents étaient sortis, j'ai ouvert le tiroir de la cuisine où papa rangeait ses Camel. J'en ai allumé une. Ce n'était pas bon, mais ça faisait chic. Mes parents étaient furieux quand je sentais la cigarette et ils me punissaient. Cela ne faisait que renforcer mon envie : à 13 ans, je fumais un paquet par jour. À 16 ans, j'ai quitté la maison. J'adorais me sentir indépendante. J'avais mon appartement, je travaillais comme serveuse, je gagnais correctement ma vie avec les pourboires et j'avais toujours un paquet de cigarettes dans la poche.

J'avais environ 35 ans quand, en circulant entre les tables, j'ai brusquement eu la respiration coupée. J'avais l'impression qu'on me maintenait la tête sous l'eau. Je me suis dit que je vieillissais.

Puis, sept ans plus tard, à 42 ans, j'ai appris que j'avais de l'emphysème — une maladie des poumons qui vous prive d'oxygène. Je savais que cela provenait du tabac, mais j'ai continué à fumer. Pourtant, j'avais de plus en plus de mal dans mon travail. J'étais parfois obligée de m'arrêter parce que je n'arrivais plus à respirer. Un jour où je servais une table de fumeurs, je me suis mise à haleter. J'ai posé mon plateau et je suis partie. Plus tard, j'ai prévenu le restaurant que je ne pouvais plus travailler. J'ai également cessé de fumer. Mon médecin m'a affublée d'un réservoir à oxygène muni d'affreux tuyaux verts qui m'entraient dans le nez. Je me refusais à sortir avec ça et j'ai demandé s'il n'y avait vraiment pas d'autre solution. « Trudy, m'a-t-il répondu, si vous ne vous en servez pas, n'espérez pas pouvoir rester debout bien longtemps. » On ne parle jamais d'un des pires effets de l'emphysème : perdre le contrôle de sa vessie tellement on est occupé à respirer. La première fois que cela m'est arrivé, je me rendais en voiture chez une amie. Je me suis arrêtée au bord de la route et j'ai pleuré de honte.

En 1992, je suis allée faire un examen de contrôle. À la suite de quoi le médecin m'a dit tout net : « Les résultats sont décourageants. Si nous ne prenons pas des mesures énergiques, vous n'en avez plus que pour six mois. La seule solution est une greffe des poumons. » J'ai été opérée à Pâques en 1993. Pendant six semaines, je suis restée à demi consciente, reliée à un respirateur. Aujourd'hui, un an et demi après la transplantation, je prends 23 pilules par jour. Pour payer mes médicaments, j'ai été obligée de vendre ma maison et mes meubles. Et, un jour, j'ai accompli le plus triste voyage de mon existence : je suis revenue chez ma mère. « Maman, ai-je dit en détournant les yeux, je suis sans le sou. Est-ce que je peux m'installer ici ? »

— Bien sûr, ma chérie.

Je menais une vie indépendante depuis l'âge de 16 ans, et voilà que j'étais en train de supplier ma mère de s'occuper à nouveau de moi. Je n'ai pu m'empêcher de pleurer. Je n'avais pas fini de régler les frais d'hôpital. Les derniers objets de valeur qui me restaient étaient les tasses à thé que ma grand-mère m'avait laissées. Je n'avais pas le choix. J'ai fait passer une petite annonce avec le vague espoir que personne n'y répondrait. Quand l'acheteur s'est présenté, j'ai disposé les huit tasses sur la table de la salle à manger. Je me demandais lesquelles ma grand-mère avait utilisées le jour où elle m'avait annoncé son intention de me les léguer. Finalement, j'ai dit que je n'en vendais que six. L'homme m'a fait un chèque. Quand il est parti, j'ai eu le sentiment d'avoir trahi la confiance que grand-maman avait placée en la petite fille que j'étais alors. J'ai encore les deux tasses. C'est tout ce qui me reste d'une vie partie en fumée.

(Extrait de ECENBARGER, William, « Vous mourez d'envie de fumer ? », *Sélection du Reader's Digest*, janvier 1995.)

Vous mourez d'envie de fumer ?

1. La grand-mère de Trudy lui avait déjà dit qu'elle aurait un jour
   _____

2. Quand elle était jeune, une de ses idoles était
   _____

3. Dans le texte, on parle de Camel. D'après toi, de quoi s'agit-il ?
   _____

4. L'emphysème consiste _____
   _____

5. À cause de sa maladie, Trudy a dû _____
   _____

6. Pour respirer, Trudy devait avoir constamment avec elle _____
   _____

7. Un des problèmes que cause l'emphysème c'est _____
   _____

8. À la fin du texte, on dit que Trudy a accompli le plus triste voyage de son existence lorsqu'elle est revenue chez sa mère. Ce voyage est triste parce que _____
   _____
   _____

9. Trudy a été obligée de vendre six de ses précieuses tasses parce qu'elle _____
   _____

10. Que penses-tu de l'histoire ? _____
    _____

11. Connais-tu une personne qui fume ? _____
    _____

12. Quel conseil aimerais-tu lui donner ? _____
    _____

Parlons science

Pour traiter les cancers, les médecins se servent de trois principales armes : la chirurgie, la chimiothérapie et la radiologie. Elles permettent de sauver la moitié des 125 000 personnes qui, au Canada seulement, vont être atteintes par un cancer cette année*.

1. Associe chaque mot à sa définition.

   (1) oncologue   (2) radiothérapie   (3) rémission
   (4) tumeur   (5) chimiothérapie   (6) cancer

   _____ Terme général pour décrire plus de cent maladies dont le dénominateur commun est une croissance incontrôlée de cellules anormales, appelées tumeurs malignes.

   _____ Traitement d'une maladie par des moyens chimiques.

   _____ Traitement du cancer par des rayons X puissants.

   _____ Disparition des caractéristiques et des symptômes d'une maladie.

   _____ Médecin spécialisé dans le traitement de patients atteints de cancer.

   _____ Croissance anormale de cellules ou de tissus.

2. En plus du cancer du poumon, la cigarette favorise plusieurs formes de cancer. Lesquels ? Coche les réponses appropriées.

   _____ Le cancer de la vessie

   _____ Le cancer de la bouche

   _____ Le cancer du larynx

   _____ Le cancer du rein

   _____ Le cancer de l'œsophage

---

* BORGOGNON, Alain, *Le cancer, entre la douleur et l'espoir*, Collection Découvertes, SRC, Éditions Pierre Tisseyre, 1995.

RECHERCHE 2   VOUS MOUREZ D'ENVIE DE FUMER ?

Ordino-défi

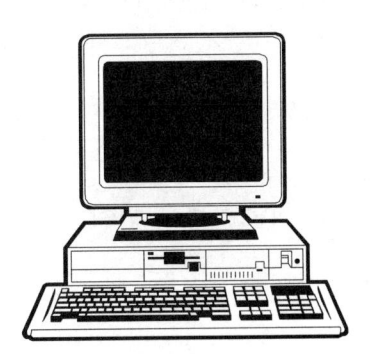

1. À l'aide du cédérom Scientifix, fais une recherche sur le tabac. Voici les étapes à suivre :

   a) Dans CHAMPS DE RECHERCHE écris *drogue*.

   b) Sélectionne ensuite *87P31 Histoire de Robert*.

2. Parmi les six mythes à abattre, le troisième parle du tabac. De quoi s'agit-il ?

   _____

   _____

3. Quels risques associe-t-on à l'usage du tabac ?

   _____

   _____

   _____

Feuille reproductible © 1998 Chenelière/McGraw-Hill

Entrevue

Tu connais sûrement une personne qui fume ou qui a déjà fumé.

Pose-lui les questions suivantes.

1. Pourquoi avez-vous commencé à fumer ?

   _____
   _____
   _____
   _____

2. Pourquoi est-il difficile d'arrêter de fumer ?

   _____
   _____
   _____
   _____
   _____

3. Quels sont les inconvénients du tabagisme ?

   _____
   _____
   _____
   _____

4. Quelle somme dépensez-vous en une semaine pour des cigarettes ?

   _____

5. Quelle somme dépensez-vous en une année pour des cigarettes ?

   _____

6. Que pourriez-vous faire d'autre avec une telle somme d'argent ?

   _____
   _____
   _____

Un peu de calcul

1. Si un paquet de 24 cigarettes coûte 2,40 $, combien coûte une cigarette ? _____

2. Suppose qu'une personne fume deux paquets de cigarettes par jour. Si un paquet de cigarettes coûte 2,40 $, combien dépense-t-elle pour fumer :

    a) dans une journée ? _____

    b) dans une semaine ? _____

    c) dans une année ? _____

    d) Après 10 ans, quelle somme cette personne aura-t-elle dépensée pour des cigarettes ?

    e) Que pourrait-elle acheter avec une telle somme ? _____

3. Ton enseignante ou ton enseignant te remettra le questionnaire *Voulez-vous vraiment arrêter de fumer ?* Fais-le remplir par cinq personnes de ton entourage qui fument. Calcule le total des points. Reporte les données dans un graphique linéaire.

    Trace ensuite un diagramme à bandes pour illustrer le résultat de chaque question. Tente avec le reste de la classe d'analyser le résultat de l'enquête : détermine quelle question a le total des points le plus élevé, laquelle a le total de points le moins élevé, formule des hypothèses pour expliquer les résultats.

4. Examine les graphiques suivants*. Compare les incidences du cancer du poumon chez l'homme et chez la femme. Que peux-tu dire de la progression du cancer du poumon chez la femme ? Compare ensuite le cancer du poumon avec les autres cancers.

Taux pour 100 000
Taux de mortalité pour les cancers les plus répandus chez les femmes, 1969-1994 (Canada)

Taux pour 100 000
Taux de mortalité pour les cancers les plus répandus chez les hommes, 1969-1994 (Canada)

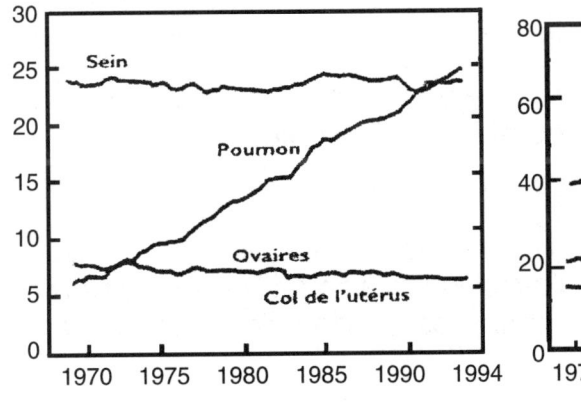

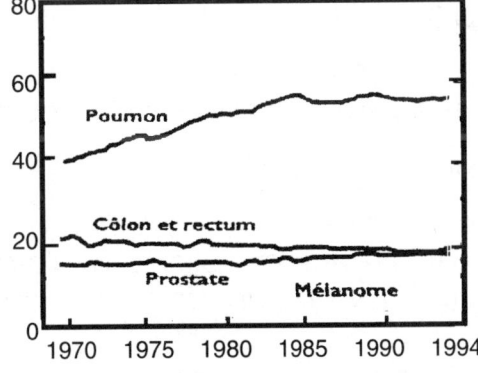

* BORGOGNON, Alain. *Le cancer, entre la douleur et l'espoir*, Collection Découvertes, SRC, Éditions Pierre Tisseyre, 1995.

Voulez-vous vraiment arrêter de fumer ?

Attribuez à chacune des questions suivantes un score se chiffrant entre 1 et 10. Le chiffre 10 signifie que vous appuyez fortement l'énoncé alors que 1 souligne votre profond désaccord.

1. Fumer, c'est dangereux et ça provoque de nombreux problèmes de santé. _____

2. Ma fumée de cigarette porte atteinte à la santé de ceux qui m'entourent. _____

3. Même si j'ai déjà essuyé un échec en tentant d'arrêter de fumer, j'ai la conviction que je pourrai cesser de fumer. _____

4. Je me porterai beaucoup mieux quand j'aurai cessé de fumer. _____

5. J'ai la ferme intention de devenir non-fumeuse ou non-fumeur. _____

Total des points : _____

Analyse des scores

- 35 points ou plus :

    Vous êtes très motivé(e). C'est donc l'heure de passer à l'action.

- 21 à 35 points :

    Vous êtes moyennement motivé(e) sans toutefois être convaincu(e) qu'il vous faudrait passer dès maintenant à l'action.

- 20 points ou moins :

    Le moment est mal choisi et vous devriez tout simplement ranger le test et le reprendre plus tard, alors que vous serez peut-être plus fortement motivé(e). Une forte motivation est essentielle à la réussite.

(Extrait du dépliant intitulé *Voulez-vous cesser de fumer ?* Sans mention d'auteur.)

Maintenant, j'écris...

1. Le taux de cancer du poumon chez la femme est aujourd'hui aussi élevé que chez l'homme. Depuis 1969, il n'a cessé d'augmenter.

   Explique les raisons de l'augmentation de ce taux.

2. Tu désires changer les habitudes des femmes afin de favoriser leur santé. Écris à un organisme de ton choix : gouvernement, association, regroupement, etc. afin d'inciter les gens à l'action.

3. On sait que les otites, les rhumes, la toux, les allergies et l'asthme sont des maladies souvent causées ou, du moins, aggravées par la fumée secondaire. Rédige une lettre dans laquelle tu cherches à faire respecter les droits des personnes non-fumeuses.

INTERNET

Fais une courte recherche sur les maladies respiratoires.

1. **Rends-toi à l'adresse suivante :**

    http://www.lung.ca/asthme/provoke.html

    Explique comment la fumée de cigarette affecte les personnes souffrant d'asthme.

    ___
    ___
    ___
    ___

2. **Rends-toi maintenant à cette adresse :**

    http://www.chem-inst-can.org/sncprin5.html

    De quel traitement est-il question pour soigner le cancer du poumon ? Explique le processus.

    ___
    ___
    ___

3. **Rends-toi à l'adresse suivante :**

    http://www.famili-prix.com/Actuali/970120-2.html

    On parle du lien entre le tabagisme et le cancer du poumon. On énumère aussi les symptômes du cancer du poumon. Quels sont-ils ?

    ___
    ___
    ___

Quelques idées à explorer

1. Petite enquête

Pour qu'ils comprennent mieux les raisons qui ont poussé certaines personnes de leur milieu à fumer ou à cesser de fumer, invitez les élèves à faire une entrevue. Non seulement se familiariseront-ils ainsi avec la technique de l'entrevue, la collecte de données et la rédaction d'un compte rendu, mais ils saisiront également mieux les raisons qui expliquent la dépendance à la cigarette et les contraintes qui en découlent. Pour préparer leur compte rendu, les élèves peuvent utiliser des moyens audio-visuels tels que bandes vidéo, enregistrements audio, photos...

2. Publitabac

Proposez aux élèves de faire une recherche dans différentes revues pour trouver des photos qui montrent un lien avec la cigarette. Dites-leur de décrire de quelles façons s'y prennent les compagnies pour passer des messages incitant les gens à fumer (par exemple, en faisant des associations avec la détente, avec la beauté ou la sensation de richesse). Demander aux élèves de faire une saynète sur le thème du tabagisme et sur la manière dont s'y prennent les compagnies de tabac pour inciter au tabagisme. Ils pourront ensuite la présenter aux autres classes de l'école.

3. Anatomie

Profitez du thème du module, *Vous mourez d'envie de fumer ?*, pour découvrir le système respiratoire et ses parties. Expliquez en quoi consiste l'emphysème : la dilatation excessive et permanente des alvéoles pulmonaires.

Feuille reproductible © 1998 Chenelière/McGraw-Hill

4. Statistiques

Vous pourriez réserver du temps pour présenter des statistiques aux élèves. Entre autres :

— Quatre types de cancer se partagent les trois quarts des décès dus au cancer. Il s'agit des cancers du poumon, du sein, de la prostate et du côlon-rectum. Le cancer du poumon reste l'ennemi numéro un. *En 1994, au Canada seulement, 5600 femmes et 11 000 hommes sont morts à cause de la cigarette. Et pour la première fois, cette même année, le cancer du poumon a tué plus de Canadiennes que celui du sein*[1].

— On dit que le tabagisme est responsable de 30 % de tous les décès dus aux cancers[1]. *Parce qu'ils sont de gros fumeurs, les hommes québécois détiennent le triste record du cancer du poumon du Canada*[1].

5. Le tabagisme et la loi

Vous pouvez discuter avec les élèves de l'aspect légal de la consommation de cigarettes :

Il est illégal de vendre ou d'offrir des produits du tabac aux personnes de 18 ans et moins en Ontario. Il est interdit de fumer dans la plupart des entreprises sous réglementation fédérale, comme les banques et les bureaux gouvernementaux.

---

1. BORGOGNON, Alain, *Le cancer, entre la douleur et l'espoir,* Collection Découvertes, SRC, Éditions Pierre Tisseyre, 1995.

MODULE 9
Quelle vie de chat !

VUE D'ENSEMBLE DU MODULE

SAVOIR-FAIRE À DÉVELOPPER

Les élèves :

- utilisent correctement le français pour faire valoir leurs opinions ;
- appliquent les compétences nécessaires pour vivre et travailler en harmonie avec les autres ;
- font preuve de jugement dans la vie quotidienne ;
- exercent leur habilité à se fixer des objectifs ;
- démontrent leurs compétences à concevoir et à exécuter un plan pour solutionner un problème ;
- coopèrent avec les autres lors des travaux d'équipe.

PROJETS

- Un jeu pour les chats ;
- création artistique collective.

DÉVELOPPEMENT CULTUREL

- Comparaison de la famille d'autrefois avec celle d'aujourd'hui.

NOUVELLES TECHNOLOGIES

- Recherches sur Internet.

ATTENTES SPÉCIFIQUES

ARTS

Les élèves :

- reconnaissent les qualités de leurs réalisations artistiques et de celles des autres ;
- réalisent des productions artistiques qui expriment leur pensée ;
- font une utilisation judicieuse de techniques variées ;
- se servent du corps comme d'un instrument d'expression artistique.

MATHÉMATIQUES, SCIENCES ET TECHNOLOGIE

Les élèves :

- effectuent des transformations et des calculs ;
- travaillent avec la valeur monétaire, le temps, la masse et le volume ;
- explorent des concepts biologiques ;
- font du design ;
- utilisent divers matériaux pour la création d'un produit (structures et mécanismes) ;
- élaborent des stratégies de fabrication ;
- mènent des expériences en vue d'établir des liens de cause à effet ;
- explorent l'adaptation des êtres vivants ;
- étudient la régularité (suite non numérique).

FRANÇAIS

Les élèves pratiquent :

- l'intégration d'expressions et de mots nouveaux ;
- l'analyse de textes en exprimant leurs réactions ;
- l'utilisation et l'intégration de l'information ;
- l'écoute active lors d'une présentation ;
- la connaissance et l'application de stratégies de lecture ;
- la discussion en équipe ;
- l'utilisation juste de mots et d'expressions ;
- la communication interpersonnelle pour concevoir et présenter le jeu de félin ;
- la présentation de leurs projets ;
- l'écriture sous diverses formes (récit d'aventure, conte de science-fiction, rapport de recherche, résumé).

ÉTUDES SOCIALES

Les élèves :

- s'exercent au travail de groupe ;
- développent la gestion du temps ;
- emploient des véhicules variés pour communiquer ;
- prennent conscience de la consommation.

QUELLE VIE DE CHAT !

MISE EN SITUATION

Posez aux élèves des questions comme celles qui suivent.

✔ Qui a un chat à la maison ?

✔ Y a-t-il des responsabilités associées à la possession d'un chat ? Lesquelles ?

✔ Imaginez que vous possédez non pas un ou deux chats, mais bien 100 chats, 200 chats, 300 chats et encore plus… Décrivez votre vie dans ces conditions.

✔ Comment feriez-vous pour vous occuper correctement de tous ces chats ?

✔ Quels problèmes pourraient survenir ?

Quelle vie de chat !

Jack et Donna Wright aiment les chats. Depuis vingt ans maintenant, ils vivent littéralement sur un tapis de chats dans leur petite maison de Kingston, en Ontario. Cette passion pour leurs amis félins leur a appris une chose.

« Il est possible de reconnaître individuellement une centaine de chats, affirme Jack. Lorsqu'ils sont plus nombreux, deux cents ou même cinq cents, ils en viennent tous à se ressembler. »

Au dernier recensement, la petite maison d'Elm Street comptait 691 occupants, soit Jack, Donna et 689 chats...

Les chercheurs du *Livre des Records Guinness* affirment qu'il s'agit du plus important regroupement privé de chats dans le monde.

« Nous n'avions pas élevé ces chats pour figurer dans le livre des records » affirme Jack.

Donna, pour prendre soin du troupeau, se lève à 5 h 30 du matin, vidant et nettoyant dix grands bacs qu'elle rafraîchit ensuite avec de la litière propre. Elle doit alors entreprendre de nourrir ses pensionnaires, tâche qui requiert chaque jour 180 grandes boîtes de viande, 25 kilos d'aliments secs, six litres de lait et d'innombrables écuelles d'eau fraîche.

Les Wright préfèrent ne pas discuter des coûts qu'entraîne annuellement leur passion pour les chats. Ils se contentent d'affirmer qu'au cours des vingt dernières années, ils ont dépensé plus d'un million de dollars pour soigner ces animaux.

En 1992, la ville de Kingston adoptait un règlement interdisant d'abriter plus de six chats dans une même maison. Les Wright ont toutefois obtenu une exemption pour droits acquis leur permettant de garder les chats qu'ils possédaient déjà. Ils doivent par ailleurs verser des frais d'enregistrement de 500 $ pour leurs chats (la licence pour un chat est de 10 $, mais ils ont obtenu un rabais). Les fonctionnaires municipaux leur ont par ailleurs remis une impressionnante pile de formulaires : ils doivent en remplir un pour chacun de leurs pensionnaires.

« Beaucoup de gens croient que nous sommes fous, mais ce n'est pas le cas, de dire Donna. Pour nous, les chats sont comme des humains. »

Jack, plusieurs chats allongés sur les genoux et un autre étendu dans ses bras, abonde : « Dès que vous avez accepté de protéger ces animaux, où devez-vous vous arrêter ? Si ces chats ne vivaient pas avec nous, ils seraient morts. On leur aurait fait subir l'euthanasie. »

Toute l'aventure a débuté avec un seul chat, Midnight, un félin sans race définie qui appartenait à Donna lorsqu'elle a épousé Jack, en 1970. À la fin des années 80, leur garderie féline avait pris des proportions fantastiques.

Les repas présentent maintenant un problème : « Je dois avouer qu'il est très difficile pour nous de manger du poulet... À chaque fois que je mange du poulet, je dois rester debout, l'assiette tenue bien haut, collée au menton.

Donna conserve toujours une épaisse serviette sur ses genoux pour se protéger des omniprésentes griffes : à tout instant, un des chats lui saute sur les genoux ou même lui grimpe sur les épaules. Les Wright ont même modifié certaines pièces de leur maison pour mieux l'adapter aux félins. Pour leur permettre de respirer un peu d'air pur, ils ont construit une cage de 4,9 par six mètres recouverte d'un treillis métallique. La cage est accolée à la maison par un petit tunnel ressemblant à l'entrée d'un igloo. L'écran du téléviseur a été recouvert d'un panneau de verre scellé afin de le protéger contre les poils de chats envahissants. Peine perdue, presque tous les appareils électriques doivent être régulièrement réparés ou remplacés.

« Je dois admettre que je suis parfois un peu déprimée » admet pour sa part Donna qui a 51 ans. « C'est si paisible. Aucun chat. » ajoute-t-elle.

(PRESSE CANADIENNE, « Une vie de chat , *Le Droit*, jeudi 21 avril 1994.)

Quelle vie de chat !

1. On lit dans le texte : « Cette passion pour leurs amis félins… » De quel animal s'agit-il ?
   _____

2. Quelle rue les Wright habitent-ils ?
   _____

3. Dans quelle ville habitent-ils ?
   _____

4. Dans la première phrase du deuxième paragraphe : «Il est possible…», on se sert des guillemets pour indiquer
   _____

5. Jack affirme que si les chats ne vivaient pas avec eux, on leur aurait fait subir l'euthanasie. Que veut dire le mot euthanasie ?
   _____

6. Jack dit qu'il peut identifier un certain nombre de chats. Jusqu'à combien de chats peut-il connaître personnellement ?
   _____

7. Nomme au moins trois difficultés que pose le fait d'avoir 689 chats :
   a) _____
   b) _____
   c) _____

8. Sur une autre feuille, fais un dessin illustrant la façon dont les Wright ont aménagé leur maison pour pouvoir s'occuper de leurs chats.

Partons à la découverte

Cherche dans une encyclopédie et tu pourras percer certains mystères de nos amis félins.

1. La queue du chat agit comme _____ et sert à _____

2. Les pattes avant du chat ont _____ doigts. Celles d'en arrière en ont _____.

3. Le squelette du chat mâle se compose de _____ os. Celui de la femelle en compte _____.

4. Chaque doigt du chat possède un _____. C'est la seule partie du corps du chat qui _____.

5. Les oreilles du chat peuvent bouger facilement, car il y a _____ muscles qui en assurent l'orientation adéquate.

6. Un chat peut entendre les cris d'une souris à _____ m. Son oreille est sensible à des fréquences de _____ à _____ Hz (hertz).

7. Lorsqu'il fait clair, la pupille du chat a la forme _____. Par contre, quand c'est la nuit, la pupille se dilate et peut atteindre un diamètre de _____.

8. La membrane située derrière la rétine qui fait luire les yeux des chats la nuit se nomme _____.

9. Une autre membrane qui sert d'essuie-glace en étendant les larmes pour nettoyer l'œil (sorte de troisième paupière) a pour nom _____.

Feuille reproductible © 1998 Chenelière/McGraw-Hill

Un peu de calcul

1. D'après le texte, Donna a épousé Jack en 1970. Combien d'années de mariage comptent-ils aujourd'hui ? _____

2. Si Donna avait 51 ans en 1994, en quelle année est-elle née ?
   _____

3. En 1994, Jack et Donna possédaient 689 chats en tout. On sait que Donna avait un chat lorsqu'elle a épousé Jack. Trouve combien de nouveaux chats se sont ajoutés en moyenne chaque année.
   _____

4. Chaque jour, Jack et Donna doivent ouvrir 180 grandes boîtes de viande. Combien de grandes boîtes ouvrent-ils en une semaine ?
   _____

5. a) S'il y a _____ g dans 1 kg, alors il y a _____ g dans 25 kg.

   b) Nomme des objets qui pèsent moins de 1 kg : _____
   _____

   c) Nomme des objets qui pèsent environ 1 kg : _____
   _____

   d) Nomme des objets qui pèsent environ 25 kg : _____
   _____

6. a) Les chats consomment 6 L de lait par jour. Combien de litres de lait consomment-ils en une année ? _____

   b) Si le lait coûte 4 $ pour 4 L, quelle somme Jack et Donna dépensent-ils en une année pour donner du lait aux chats ? _____

7. Donna commence à prendre soin des chats à 5 h 30. Si elle termine son travail à 14 h 15, combien d'heures passe-t-elle à s'occuper des chats dans une journée ? une semaine ? une année ?

   Une journée : _____

   Une semaine : _____

   Une année : _____

Jouons avec les mots

1. Place les mots suivants au bon endroit sur le dessin : truffe, museau, paupière inférieure, paupière supérieure, sourcils, cils, pupille, moustache.

2. Que signifient les expressions suivantes ?

– Avoir un chat dans la gorge : _____
_____
_____

– Donner sa langue au chat : _____
_____
_____

– Être comme chien et chat : _____
_____
_____

– Il n'y a pas de quoi fouetter un chat : _____
_____
_____

Les arts et les chats

1. Avec une ou un camarade, mime une expression qui comporte le mot « chat ». Le reste de la classe tente de la deviner.

   On peut utiliser les expressions énumérées dans l'activité « Jouons avec les chats ».

2. Avec une ou un camarade, représente par un dessin ou un collage une expression qui comporte le mot « chat » tout en utilisant le matériel artistique approprié (par exemple, fusain, craies de pastel, crayons de couleur, encre de Chine).

   Tu dois inclure autour du dessin une frise conçue à partir de transformations géométriques.

Maintenant, j'écris...

1. Observe attentivement un chat de ton entourage.

   Imagine qu'il veut te parler. Que te dit-il ? Comment s'y prend-il pour faire comprendre ses besoins ?

   _____
   _____
   _____
   _____
   _____

2. Les chats sont bien connus pour quitter quelquefois leur foyer et partir à l'aventure. Imagine que tu es un chat en quête de nouveaux horizons. À quoi penses-tu ? Où iras-tu ? Raconte ton escapade en un court texte.

   _____
   _____
   _____
   _____
   _____
   _____
   _____
   _____
   _____
   _____
   _____

INTERNET

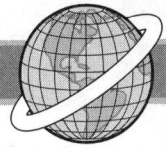

Rends-toi à l'adresse suivante :

http://www.mlink.net/veterinet/conseils.html

Tu y découvriras de nombreux conseils sur des sujets concernants les animaux familiers.

Choisis deux sujets et fais un bref résumé des informations que tu y as découvertes.

Quelques idées à explorer

1. **Comparaison entre la famille d'autrefois et celle d'aujourd'hui**

   Invitez les élèves à réfléchir sur le rôle du chat sur les fermes, par exemple. Jusqu'à quel point nos habitudes ont-elles changé quant aux animaux familiers ?

2. **Jeu de félin**

   Proposez aux élèves de fabriquer un jeu avec lequel un chat s'amusera.

   a) En équipes, les élèves doivent d'abord établir l'objectif visé par le jeu (orientation, exercice, habileté ou autre).

   b) Ils doivent ensuite concevoir un plan dans lequel doivent intervenir des structures et des mécanismes simples et déterminer tous les matériaux nécessaires à la réalisation.

   c) Les élèves doivent utiliser autant que possible des matériaux recyclés.

   d) Dans chaque équipe, les élèves se répartissent les tâches à accomplir et les échéanciers.

   e) Chaque équipe procède ensuite à l'expérimentation de son jeu. Les élèves évaluent dans quelle mesure le jeu répond aux objectifs de départ.

   f) Chaque équipe présentera son projet et le résultat de son expérience au reste de la classe.

   Distribuez aux élèves la feuille « Jeu de félin » pour les guider dans cette activité (voir page suivante).

Feuille reproductible © 1998 Chenelière/McGraw-Hill

Jeu de félin

Titre : _____

Membres de l'équipe : _____

Objectif : _____
_____

Matériaux : _____
_____

Observations lors de l'expérience : _____
_____
_____
_____
_____
_____

Conclusion : _____
_____
_____

Dessine le schéma de ton jeu au verso.

MODULE 10
Mais où sont passés les monarques ?

MAIS OÙ SONT PASSÉS LES MONARQUES ?

VUE D'ENSEMBLE DU MODULE

SAVOIR-FAIRE À DÉVELOPPER

Les élèves :
- communiquent de façon efficace dans diverses situations ;
- résolvent des problèmes et prennent des décisions éclairées et font preuve d'esprit critique et de créativité ;
- exercent leur habileté à se fixer des objectifs ;
- encouragent la participation des autres ;

PARTENARIAT

- Agences de voyage ;
- ambassade du Mexique ;
- personnes originaires du Mexique ;
- personnes-ressources ayant des connaissances sur les monarques.

PROJETS

- Organisation d'un repas-partage ;
- découverte du Mexique.

DÉVELOPPEMENT CULTUREL

- Découverte d'une autre culture ;
- prise de conscience des sentiments et des préoccupations d'une personne nouvellement immigrée au Canada.

NOUVELLES TECHNOLOGIES

- Recherches sur Internet ;
- emploi de cédéroms.

ATTENTES SPÉCIFIQUES

ARTS

Les élèves :
- distinguent des caractéristiques culturelles ;
- reconnaissent le style comme une marque d'identité culturelle ;
- saisissent la valeur affective et intellectuelle des arts ;
- utilisent du matériel et des techniques variés.

MATHÉMATIQUES, SCIENCES ET TECHNOLOGIE

Les élèves :
- travaillent avec les motifs, les transformations et les régularités ;
- étudient des événements cycliques ;
- effectuent des calculs ;
- font des opérations sur la masse et la valeur monétaire ;
- explorent la structure microscopique ;
- font une recherche sur l'origine des aliments ;
- comprennent les différentes phases du développement du papillon ;
- saisissent l'importance de protéger certaines espèces menacées.

FRANÇAIS

Les élèves pratiquent :
- l'écoute active lors d'une présentation ;
- le décodage des mots nouveaux ;
- la discussion en équipe ;
- l'écriture avec intention pour des destinataires désignés ;
- les présentations formelles ;
- le processus d'écriture ;
- l'analyse de textes ;
- l'organisation d'un produit médiatique ;
- l'utilisation et l'intégration de l'information ;
- l'application de stratégies de lecture ;
- les formes d'écriture (recette, compte rendu de recherche, lettre d'invitation, lettre de remerciement, bande dessinée, texte d'opinion).

ÉTUDES SOCIALES

Les élèves :
- étudient les habitudes alimentaires ;
- s'initient à l'action sociale ;
- s'intéressent aux expériences vécues par une immigrante ou un immigrant ;
- examinent des cycles et des modèles ;
- comprennent l'interrelation des systèmes naturels et des êtres humains ;
- recherche sur un pays : le Mexique.

MISE EN SITUATION

Mais où sont passés les monarques ?

Posez des questions aux élèves pour évaluer leurs connaissances sur le monarque. Par exemple,

✔ Qu'est-ce qu'un monarque ?

✔ De quelle couleur est le monarque ?

✔ Où fait-il son nid ?

✔ Comment le climat peut-il affecter ce genre de papillon ?

✔ De quoi se nourrit-il ?

Faites remarquer aux élèves que le texte a été écrit au printemps 1996 et qu'il faut le lire dans cette perspective. Sa valeur réside dans le fait qu'il permet de prendre conscience de toutes les conséquences du climat sur l'écosystème et de l'importance du soutien des pays concernés.

Mais où sont passés les monarques ?

L'hiver 1996 a été particulièrement rude et long. Plusieurs espèces animales ont éprouvé des difficultés. Voyons ce qu'écrivait le journaliste Marc-André Joanisse à ce sujet.

Il n'y a pas que sur le comportement de la nature humaine que le froid des derniers mois joue des mauvais tours. Les monarques — ces gros papillons oranges – doivent eux aussi négocier à leur manière, les dernières sautes d'humeur de mère nature.

Le temps froid a perduré au point que cette espèce de lépidoptère tarde à compléter sa migration qui doit mener ces papillons des montagnes mexicaines à notre région, un périple aérien de quelque 5000 kilomètres.

Des chercheurs se sont d'ailleurs penchés sur le phénomène et, selon eux, le volume de la migration de cette année pourrait s'avérer le plus bas depuis plus d'une décennie. Ils ajoutent que, si c'est le cas, ce sera une des pires années pour les monarques qui, cet hiver, ont déjà été mis à rude épreuve avec une tempête de neige qui s'est abattue sur leurs aires de nidification, situées dans une région au climat habituellement doux.

Le périple annuel du papillon monarque est tout simplement phénoménal. Si les gens du nord quittent habituellement leur coin de pays en octobre et novembre pour les rayons de soleil un peu plus chauds du sud, le monarque entreprend son périple vers le Mexique au début du mois de septembre. Le papillon qui effectuera ce pèlerinage aura une durée de vie d'environ six mois, alors que celui qui entreprendra le trajet inverse ne peut espérer plus de six semaines.

Rendu au Mexique, le monarque prendra la route de Aquangueo, un petit village perché à 3200 m d'altitude à quelque 300 km à l'ouest de Mexico City. « On en retrouve des millions » s'est rappelé Jean Landriault, éducateur scientifique au Musée canadien de la nature, qui s'y est rendu à deux reprises. Il y a cinq réserves consacrées uniquement au monarque.

« Le papillon mettra le cap sur le nord vers la mi-mars avec un premier arrêt au Texas. De là, une forte population se dirigera vers notre région, là où on retrouve l'asclépiade commune ou le *petit cochon* en quantité industrielle. »

Une plante considérée généralement comme indésirable, l'asclépiade est la seule source de nourriture du monarque au Canada. « Le papillon a besoin de ça pour se reproduire, a laissé savoir Jean Landriault, car la chenille ne mange que la feuille de cette plante. De plus, l'asclépiade est un poison et permet au monarque de se protéger de ses prédateurs. »

(Extrait de JOANISSE, Marc-André, « Mais où sont passés les monarques ? », *Le Droit*, Hull, jeudi 6 juin 1996.)

Mais où sont passés les monarques ?

1. De quel problème parle-t-on dans le texte ?
   _____
   _____

2. La migration du monarque commence au mois de _____.
   C'est au _____ qu'il se rend pour faire son nid. Dans ce pays, on compte _____
   destinées au monarque.

3. Le monarque commence son voyage de retour vers le nord au mois de _____.

4. Ce papillon aime beaucoup la plante nommée _____.

5. Cette plante est importante pour le monarque. Explique pourquoi.
   _____
   _____

Partons à la découverte

Choisis une des activités suivantes.

1. À l'aide d'une loupe, examine la structure microscopique du papillon.

2. À l'aide d'une encyclopédie ou de tout autre ouvrage de référence, décris les différentes phases du développement du papillon.

3. Peux-tu expliquer pourquoi le monarque qui va au Mexique vit plus longtemps que celui qui en revient ? Informe-toi auprès de personnes-ressources qui connaissent les monarques.

Feuille reproductible © 1998 Chenelière/Mc-Graw-Hill

Un peu de calcul

À l'épicerie, trouve au moins quatre aliments qui proviennent du Mexique. Tu dois indiquer le nom de chaque aliment, le groupe alimentaire auquel il appartient, sa ville d'origine, son prix et son prix unitaire (par gramme).

1. Nom de l'aliment mexicain : _____

   Groupe alimentaire : _____

   Ville d'origine : _____

   Prix de l'aliment : _____

   Prix unitaire (par gramme) : _____

2. Nom de l'aliment mexicain : _____

   Groupe alimentaire : _____

   Ville d'origine : _____

   Prix de l'aliment : _____

   Prix unitaire (par gramme) : _____

3. Nom de l'aliment mexicain : _____

   Groupe alimentaire : _____

   Ville d'origine : _____

   Prix de l'aliment : _____

   Prix unitaire (par gramme) : _____

4. Nom de l'aliment mexicain : _____

   Groupe alimentaire : _____

   Ville d'origine : _____

   Prix de l'aliment : _____

   Prix unitaire (par gramme) : _____

Les mets mexicains

Rends-toi dans un restaurant servant des mets mexicains et examine le menu.

Nom du restaurant : _____

Choisis quatre mets mexicains. Nomme quelques aliments qui entrent dans leur composition. Indique à quel groupe du guide alimentaire canadien appartient chaque aliment.

1. Nom du mets : _____
   Composition : _____
   Groupe alimentaire : _____

2. Nom du mets : _____
   Composition : _____
   Groupe alimentaire : _____

3. Nom du mets : _____
   Composition : _____
   Groupe alimentaire : _____

4. Nom du mets : _____
   Composition : _____
   Groupe alimentaire : _____

Enfin, calcule le montant total de l'addition (n'oublie pas d'inclure les taxes).

RECHERCHE 3   MAIS OÙ SONT PASSÉS LES MONARQUES ?   **205**

L'art mexicain

1. Écoute de la musique mexicaine et détermine en quoi elle diffère de la musique populaire d'ici. Quels sont les instruments qu'on y entend le plus ?

2. Trouve quelques objets d'art, tels que des sculptures et des peintures. Tente de déceler les messages que ces objets véhiculent.

Maintenant, j'écris...

1. Ta classe prépare un repas-partage pour mieux connaître des mets mexicains. Prépare une lettre d'invitation.

2. Présente aux autres élèves de ta classe une recette mexicaine.

3. Écris une lettre de remerciement à tous ceux et à toutes celles qui ont contribué au repas-partage.

4. Imagine que tu es un monarque. Décris le voyage que tu fais, les villes au-dessus desquelles tu voles, les difficultés auxquelles tu fais face, ton arrivée au Mexique et le repos tant attendu...

    Ton texte devra comprendre divers types de phrases complexes qui comportent des subordonnées. Par exemple : « Vagabond, le petit monarque, aperçoit une lumière qui brille au fond de la *casa*. »

5. Pour ton projet de recherche, tu décides d'écrire à l'ambassade ou à un autre organisme afin d'obtenir des informations sur le Mexique.

6. Conçois une bande dessinée qui illustre les péripéties d'un monarque.

7. Écris un texte d'opinion sur la nécessité de protéger l'asclépiade commune et le monarque. Énonce clairement ta position dans l'introduction, présente tes arguments dans le développement et résume ta position en conclusion.

INTERNET

Effectue la recherche suivante puis réponds aux questions.

La grande aventure vers le Mexique
Voici l'adresse :

http://www.cmcc.muse.digital.ca/cmc/cmcfra/childfra.html

- On t'explique d'abord ce qu'est la Grande Aventure.
- Fais descendre l'écran jusqu'à ce que tu voies :
  Le Village international
- Clique sur *9. Mexique*

1. Dans une maison d'Oaxaca, on mentionne que les enfants apprennent à faire plusieurs créations avec leurs mains. On parle d'un mets en particulier. De quel mets s'agit-il ?

   _____

2. Comment dit-on « maison » en espagnol ?

   _____

3. Nomme deux matériaux qui entrent dans la construction d'une maison au Mexique.

   _____

4. As-tu aimé ta visite dans une maison mexicaine ?

   _____

Quelques idées à explorer

1. Papillons en transformations

Proposez aux élèves d'utiliser les transformations géométriques pour former des motifs artistiques sur les ailes d'un papillon. Invitez-les à décrire la symétrie des ailes et amenez-les à expérimenter le rabattement.

2. Retour aux origines

Plusieurs mots de la langue française proviennent de l'espagnol. Ainsi, le mot castagnette (instrument de musique composé de deux petits morceaux de bois) vient du mot espagnol *castañeta* (petite châtaigne). Invitez les élèves à explorer le dictionnaire à la recherche de mots français qui proviennent de l'espagnol. Vous pouvez leur distribuer la page « Jouons avec les mots » afin qu'ils y inscrivent leurs découvertes.

3. Écosystème global

Expliquez aux élèves en quoi l'écosystème d'un pays est intimement lié à celui d'autres pays. Amenez-les à prendre conscience de l'interdépendance des écosystèmes sur le plan international : les actions qu'un pays pose pour protéger une espèce vivante a des conséquences sur sa survie non seulement dans ce pays, mais dans un autre pays également.

4. Repas à la mexicaine

Sachant que le monarque va nicher au Mexique, les élèves aimeraient peut-être s'informer sur ce pays. Avec eux, situez le Mexique sur une carte du monde. Pour guider leurs découvertes, abordez avec les élèves plusieurs thèmes, tels que les mets mexicains, disponibles aujourd'hui dans plusieurs épiceries, de même que dans de nombreux restaurants. Une recherche sur ce pays ainsi que la préparation et la dégustation d'un repas-partage dans une ambiance mexicaine permettront aux élèves de vivre pleinement cette expérience multiethnique.

Les feuilles reproductibles suivantes pourront servir de guides pour ce projet à long terme :

– « Repas à la mexicaine » ;

– « Recettes pour le repas à la mexicaine » ;

– « Recherche sur le Mexique ».

Feuille reproductible © 1998 Chenelière/Mc-Graw-Hill

ÉCRITURE 2 — MAIS OÙ SONT PASSÉS LES MONARQUES ?

Jouons avec les mots

Trouve dix mots français qui sont d'origine espagnole.

1. Mot français : _____ Mot espagnol : _____
   Ce qui veut dire : _____

2. Mot français : _____ Mot espagnol : _____
   Ce qui veut dire : _____

3. Mot français : _____ Mot espagnol : _____
   Ce qui veut dire : _____

4. Mot français : _____ Mot espagnol : _____
   Ce qui veut dire : _____

5. Mot français : _____ Mot espagnol : _____
   Ce qui veut dire : _____

6. Mot français : _____ Mot espagnol : _____
   Ce qui veut dire : _____

7. Mot français : _____ Mot espagnol : _____
   Ce qui veut dire : _____

8. Mot français : _____ Mot espagnol : _____
   Ce qui veut dire : _____

9. Mot français : _____ Mot espagnol : _____
   Ce qui veut dire : _____

10. Mot français : _____ Mot espagnol : _____
    Ce qui veut dire : _____

Communique aux autres élèves de ta classe les mots les plus intéressants à tes yeux.

Feuille reproductible © 1998 Chenelière/Mc-Graw-Hill

Repas à la mexicaine

Avec ta classe, tu vas t'occuper de la préparation d'un repas-partage.

Liste des mets

Chaque élève suggère des mets qui pourraient figurer au menu.

Répartition des tâches

Des groupes d'élèves devront s'occuper :

- de préparer le menu ;
- de rédiger les lettres d'invitation (par exemple, à l'intention des parents, d'autres enseignantes et enseignants de l'école) ;
- de répartir la préparation des différents mets entre les élèves ;
- de se procurer de la musique mexicaine ;
- de décorer pour créer une ambiance mexicaine.

Sujet de discussion

En quoi les mets mexicains sont-ils différents des mets traditionnels canadiens que nous connaissons ?

Recettes pour le repas à la mexicaine

TREMPETTE MEXICAINE

Ingrédients :

1 paquet de 250 g de fromage Philadelphia

2 c. à soupe de crème sure

2 c. à soupe de sauce anglaise (Worcestershire)

1 c. à thé de sauce Tabasco

1/2 c. à thé de cumin

1 c. à soupe de jus de citron

1 c. à thé de poudre de chili

1 boîte de sauce à taco ou de salsa

1 oignon espagnol haché

1 tomate hachée

1 poivron vert coupé en petits morceaux

1 tasse de fromage mozarella râpé

Préparation :

Mélanger le fromage Philadelphia, la crème sure, la sauce Worcestershire, la sauce Tabasco, le cumin, le jus de citron et la poudre de chili. Étendre cette préparation dans un plat d'environ 30 cm sur 30 cm.

Couvrir de sauce à taco ou de salsa.

Ajouter les légumes et saupoudrer le fromage râpé.

Servir avec des croustilles genre nachos.

Riz à la mexicaine

Ingrédients :

175 mL (3/4 tasse) de riz à long grain, non cuit

5 mL (1 c. à thé) d'ail écrasé

1 petit oignon émincé

60 mL (1/4 tasse) de salsa

30 mL (1/8 tasse) d'huile végétale

250 mL (1 tasse) de bouillon de poulet

125 mL (1/2 tasse) de jus de tomate

60 mL (1/4 tasse) pois verts surgelés

3 mL (1/2 c. de thé) poivre de cayenne

Préparation :

Amener le bouillon de poulet à ébullition.

Ajouter le riz, la salsa, le jus de tomate, les pois verts et le poivre de cayenne.

Cuire au four à micro-ondes 5 min à haute intensité ou 15 min à intensité moyenne.

Dans un poêlon, faire revenir l'huile végétale, l'oignon et l'ail.

Ajouter le mélange d'oignon au riz.

Servir chaud.

Recherche sur le Mexique

Avec une ou un camarade, fais une recherche sur le Mexique. Tu peux t'intéresser à différents aspects :

- la situation géographique ;
- la population ;
- les grandes villes ;
- les jeux populaires ;
- le sport national ;
- l'artisanat ;
- la faune ;
- la flore ;
- l'économie (par exemple, le libre-échange) ;
- la politique ;
- le climat ;
- les richesses naturelles ;
- les habitudes alimentaires ;
- les coutumes.

La recherche doit traiter d'au moins trois de ces aspects.

Voici quelques suggestions de sources d'information :

- l'ambassade du Mexique ;
- des personnes originaires du Mexique ;
- la communauté mexicaine de ta localité, s'il y en a une ;
- les agences de voyages ;
- des ouvrages de référence comme des encyclopédies, des dépliants publicitaires, des cédéroms et Internet.

Module 1
Lecture
1. Trois chiens ont sauvé la vie de certaines personnes.
2. À des anges gardiens.
3. Parce que les chiens ont protégé des personnes d'une mort certaine.
4. Elle a composé le 9-1-1 quand l'alarme de l'oxygène s'est déclenchée.
5. Ils l'ont réchauffé jusqu'à la venue des sauveteurs.
6. Les deux chiens habitent chez Josh.

Internet
1. En le sortant en laisse et en tentant d'obtenir avec douceur mais fermeté la plus grande obéissance.
2. Il porte un harnais de cuir.
3. Il doit acquérir des réflexes pour protéger son maître, il doit le conduire en évitant les obstacles et doit connaître par cœur dix à quinze lieux où il peut se rendre sans hésiter.

Module 2
Lecture
1. De Guy Houle et de Chantal Legault.
2. Stylisme culinaire.
3. On tente de donner une belle apparence aux aliments pour la publicité.
4. Pâtisserie, chimie alimentaire, cuisine et tenue de bar.
5. La peau du poulet se ratatine et la vapeur est visible pendant seulement trois secondes.
6. Utiliser une serviette sanitaire imbibée d'eau et chauffée au four à micro-ondes ; employer des solutions d'acides ; produire la vapeur voulue avec le défroisseur de voyage.

Module 3
Lecture
1. Leur longévité.
2. Un Arlésien ou une Arlésienne.
3. Shigechiyo Izumi.
4. Il était Japonais.
5. En février 1986.
6. Le 21 février 1875.
7. Réponse variable.
8. Jacques Chirac.
9. | bleu | blanc | rouge |

Un peu de calcul
1. 6 fuseaux horaires.
2. S'il est 9h en Ontario, il est 15h à Arles.
3. 111 ans.

Internet
2. a) L'importance de boire beaucoup d'eau.
   b) Le corail de l'Île où vivait M. Izumi jouerait un rôle important pour le maintien de la santé. On recommande d'ajouter du calcium de ce corail à certaines boissons.
3. a) Les États-Unis.
   b) 114, 4 ans, en moyenne.

Module 4
Lecture
1. D'une envolée à bord d'un Snowbird.
2. Au départ, il avait hâte. Indices : Je pétais le feu… J'étais chanceux… J'avais hâte… Il avait également peur. Indices : J'étais un peu stressé… Quelles sont les chances pour que j'utilise le siège éjectable ?… Risque… Maman !! Lorsqu'il est revenu, il était très content. Indices : L'heure la plus enlevante, la plus excitante et la plus extraordinaire de ma vie.
3. Utiliser le siège éjectable, atterrir en parachute sur la terre ferme et dans l'eau.
4. Au risque d'une collision entre les appareils.
5. Il y a plusieurs réponses possibles.

Recherche
1. 1903
2. 12
3. Orville
4. Caroline du Nord.

Internet
1. a) Ottawa
   b) Soutenir la recherche aérospatiale de base en mécanique du vol et en avionique et effectuer des expérience en vol.

Module 5
Lecture
1. Les loups du parc Algonquin.
2. Des fusils, des collets et du poison.
3. Pour que les biologistes puissent les étudier.
4. Le parc était trop grand et les gardes n'étaient pas assez nombreux.
5. Dans certaines régions du sud du Canada et sur presque tout le territoire des États-Unis.
6. On endommage l'écosystème.
7. Il y a eu une grande augmentation de la population des cerfs mulets et la végétation a été endommagée. Des espèces sauvages ont été dangereusement menacées d'extinction et de nombreux cerfs mulets sont morts de faim.
8. Les wapitis et les bisons sont trop nombreux et d'autres espèces telles que les mouflons d'Amérique et les cerfs mulets sont plus rares.

Mathématiques
1. Un siècle, c'est 100 ans. Un demi-siècle dure […] 50 ans.
2. 10 ans […] 60 ans.
3. La réponse variera (année en cours moins 1960).
4. On dit qu'il y a un loup dans 10 milles carrés. Une unité de surface (un mille multiplié par un mille) = 10 loups.
5. 3000 milles carrés.

Écriture 1
1. Massacrer, faire périr entièrement.
2. Rare. Qu'on ne voit pas souvent, qui est rare.
3. Un animal qui se nourrit de proies.
4. Le chevreuil : cervidés ; chevrette ; faon. Le lièvre : rongeurs ; hase ; courte ; poursuivre deux buts différents en même temps. Le loup : canidés ; hurlement ; à la nuit tombante.

Internet
1. a) Jaune
   b) Orchidées
   c) Chaussettes de dames
2. Deept River
3. En 1893.

Module 6
Lecture
1. Dans un camp de réfugiés.
2. Il avait froid.
3. a) Elle a vu mourir son père et son frère.
   b) Elle vit dans la misère.
   c) Elle ne reçoit qu'un seul morceau de pain par jour.
4. a) Exister, continuer à vivre.
   b) C'est un type d'avion.
   c) Qui ont vécu la guerre.

Recherche
3, 2, 1, 6, 5, 4.
La Bosnie-Herzégovine devient en 1945-1946 l'une des six républiques fédérées de la Yougoslavie. En 1990 eurent lieu les premières élections libres puis, en 1992, la proclamation de l'indépendance.

Ordinateur
1. a) 51 129 km^2
   b) 4 479 000 habitants.
2. a) Céréales et tabac.
   b) Charbon, lignite, fer et bauxite.

Module 7
Lecture
1. Chasse, pêche, plein air, vivre des aventures, mieux connaître le peuple inuit, la géographie de l'Arctique et vivre un dépaysement.
2. On peut se rendre à Kuujjuaq en Boeing 727 de la compagnie First Air. Ensuite, on doit prendre un vol d'Air Inuit pour se rendre dans les communautés les plus au nord.
3. Comprendre comment ils ont fait pour survivre à un milieu aussi hostile, pour mieux connaître leurs coutumes, leur religion et leur histoire.
4. Les jeunes ne connaissent pas les anciennes coutumes et se nourrissent différemment de leurs ancêtres.
5. Parce qu'ils sont en train de changer leurs habitudes alimentaires qui ten-

CORRIGÉ

dent à se rapprocher de celles des gens du sud où la restauration rapide occupe une place importante.
6. *Du pergélisol.*

Recherche
1. *Personnes âgées.*
2. *Anthropologie : étude de l'homme. Anthropologue : spécialiste en anthropologie. Ethnologie : étude des caractères d'une ethnie. Ethnologue : spécialiste en ethnologie. Archéologie : étude des civilisations passées grâce aux monuments et objets qui en subsistent. Archéologue : spécialiste en archéologie.*
3. *Spécialiste.*
4. *Le mot vivant est ici participe présent et par conséquent invariable. Il exprime une action (qui vivent). Il faut faire la distinction avec l'adjectif qualificatif « vivant » qui lui s'accorde avec le nom auquel il se rapporte.*
5. *Parce que le « l » n'est pas suivi d'un « e » muet.*

Mathématiques
1. *31 %*
2. *1 500 000 km²*
3. *50 ans*

Internet
1. *L'Aquilon ; Le toit du monde.*
2. *Réponse personnelle.*
3. a) *1993*   b) *1999*
   c) *Vote du peuple par oui ou par non (ici, sur le choix de la capitale du Nunavut).*
   d) *Ontario, Manitoba, Québec.*

Module 8
Lecture
1. *Ses huit fines tasses de porcelaine de Chine décorée à la main.*
2. *Une grande et belle jeune femme qui passait devant son école en fumant.*
3. *D'une marque de commerce de cigarettes.*
4. *Une maladie des poumons.*
5. *Quitter son travail, vendre sa maison et ses meubles, revenir vivre chez sa mère et vendre plusieurs de ses tasses.*
6. *Un réservoir à oxygène.*
7. *La perte de contrôle de sa vessie.*
8. *Depuis que Trudy est jeune, elle rêve d'indépendance, mais à cause de la cigarette, elle a tout perdu et doit revenir à la maison.*
9. *Elle n'avait plus d'argent pour payer ses frais médicaux.*
10. *Réponse personnelle.*
11. *Les réponses varieront.*
12. *Réponse personnelle.*

Recherche 1
1. *(6) cancer, (5) chimiothérapie, (2) radiothérapie, (3) rémission, (1) oncologue.*
2. *La cigarette favorise toutes ces formes de cancer.*

Recherche 2
2. *On mentionne qu'il est faux de croire que le tabac détend et ne fait pas de mal. En fait, le tabac contient de la nicotine qui est un stimulant et non un relaxant.*
3. *Le tabac augmente les risques de cancer et de maladies pulmonaires à cause du goudron qui se dépose sur les bronches.*

Mathématiques
1. 0,10$
2. a) 4,80$ b) 33,60$ c) 1747,20$
   d) 17 472,00 $ e) *Réponse personnelle.*

Internet
1. *L'asthme.*
2. *On utilise la lumière que l'on appelle la photodynamique (PDT).*
3. *Toux chronique ; crachements muqueux ou mêlés de sang ; douleurs à la poitrine et essoufflement ; changement dans la voix ; perte de poids et d'appétit ; grande fatigue.*

Module 9
Lecture
1. *Le chat.*
2. *La rue Elm.*
3. *Kingston.*
4. *Pour indiquer que Jack parle.*
5. *Le mot euthanasie, ici, signifie tuer les chats.*
6. *Une centaine.*
7. *Plusieurs réponses sont possibles parmi celles-ci : Il est difficile de manger du poulet ; il faut faire réparer régulièrement les appareils ménagers ; ça coûte très cher ; les soins représentent beaucoup de travail.*
8. *Réponse personnelle.*

Recherche 1
1. *Balancier [...] maintenir l'équilibre et également à démontrer l'humeur du chat.*
2. *5 doigts ; 4*
3. *283 ; 282 (le mâle a un os minuscule (0,5 cm) dans son pénis.*
4. *Coussinet ; transpire.*
5. *27 muscles.*
6. *20 m. ; 20 à 100 000 Hz (hertz). Les chats peuvent donc entendre des sons très graves et des sons très aigus.*
7. *D'une fente verticale ; 8 mm.*
8. *Tapetum lucidum.*
9. *Membrane nictitante.*

Mathématiques
1. *Les réponses varieront selon la date où les élèves font l'exercice.*
2. *1943*
3. *28*
4. *1260*
5. a) *1000 g ; 25 000 g*
   b) c) d) *Réponses variables*
6. a) *2160*
   b) *2160 ÷ 4 = 540 (4 L) et ; 540 x 4 $ = 2160 $ ou bien : 4 $ pour 4 L = 1 $ / L donc 2160 L par année x 1 $ = 2160 $ par année.*
7. *8 h 45 min ou environ 9 heures par jour; 9 x 7=63 h par semaine ; 63 h x 52 = 3276 h par année.*

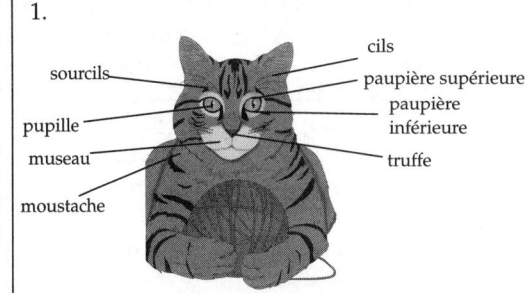

Recherche 2
1. (étiquettes : sourcils, pupille, museau, moustache, cils, paupière supérieure, paupière inférieure, truffe)

2. *Voici ce que signifient les expressions suivantes :*
   Avoir un chat dans la gorge : être soudain enroué. Donner sa langue au chat : renoncer à deviner. Être comme chien et chat : se chamailler à tout instant. Il n'y a pas de quoi fouetter un chat : c'est sans importance.

Module 10
Lecture
1. *On s'inquiète de ne pas voir de monarques et on suppose que le temps froid a retardé leur migration.*
2. *En septembre. Au Mexique. Cinq réserves.*
3. *Au mois de mars.*
4. *L'asclépiade commune.*
5. *Elle est la seule source de nourriture du monarque au Canada et la chenille ne mange que la feuille de cette plante. Enfin, c'est un poison qui permet au monarque de se protéger de ses prédateurs.*

Internet
1. *Tortillas*
2. *Casa*
3. *L'argile et la paille.*
4. *Réponse personnelle.*

ASSOCIATED PRESS, «Des anges gardiens», *Le Droit*, Hull, jeudi 14 mars 1996.

AGOUH, Jacques, «Le défi de la mi-carrière», *La Presse*, dimanche 18 février 1996.

BERGER, Marie-Josée, *Construire la réussite*, Montréal, Les Éditions de la Chenelière, 1994.

BÉLAIR, Louise, *Profil d'évaluation*, Montréal, Les Éditions de la Chenelière, 1996.

CARON, Jacqueline, *Quand revient septembre*, Montréal, Les Éditions de la Chenelière, 1994.

COELHO, Paulo, *Le pèlerin*, Paris, Éditions Anne Carrière, 1996.

DIONNE, Jean, GIASSON, Jocelyne, SAINT-LAURENT, Lise, SIMARD, Claude, ROYER, Égide et coll., *Programme d'intervention auprès des élèves à risque*, Boucherville, Gaëtan Morin Éditeur, 1995.

ECENBARGER, William, «Vous mourez d'envie de fumer?», *Sélection du Reader's Digest*, janvier 1995.

GOUVERNEMENT DES TERRITOIRES DU NORD-OUEST, *Les merveilles historiques de l'Île de Baffin*.

Encyclopédie Larousse Mémo, Boucherville, Les Éditions françaises inc., 1993.

GIASSON, Jocelyne, *La compréhension en lecture*, Boucherville, Gaëtan Morin Éditeur, 1990.

GIASSON, Jocelyne, *La lecture, de la théorie à la pratique*, Boucherville, Gaëtan Morin Éditeur, 1995.

GRATTON, Denis, «Tel un oiseau», *Le Droit*, Hull, mardi 2 juillet 1996.

GRATTON, Denis, «Anna, je ne t'oublierai jamais», *Le Droit*, Hull, 6 décembre 1993.

IEPO-Université de Toronto, *Programme d'intervention précoce en lecture*, Vanier, Centre franco-ontarien des ressources pédagogiques, 1997.

JOANISSE, Marc-André, «Mais où sont passés les monarques?», *Le Droit*, Hull, jeudi 6 juin 1996.

LAVIGNE, Sylvie, «Quand la bouffe se fait une beauté», *La Presse*, mercredi 18 octobre 1995.

LECLERC, Martine, *Recueil d'activités d'intégration pour le cycle moyen*, Vanier, Conseil des écoles publiques d'Ottawa-Carleton, 1995.

Le Conseil scolaire de la communauté urbaine de Toronto, *L'apprentissage actif*, Toronto, 1985.

Le Conseil des écoles séparées catholiques romaines de la région de Waterloo, *Compétences langagières de maternelle à 6e année*, Kitchener, janvier 1994.

Le Conseil des écoles publiques d'Ottawa-Carleton, *Document d'appui en français pour les années de formation*, Vanier, 1994.

Ministère de l'Éducation et de la Formation de l'Ontario, *Actualisation linguistique en français et perfectionnement du français*, Toronto, Imprimeur de la Reine, 1994.

Ministère de l'Éducation et de la Formation de l'Ontario, *Aménagement linguistique en français*, Toronto, Imprimeur de la Reine, 1994.

Ministère de l'Éducation et de la Formation de l'Ontario, *Cadre d'élaboration de modules d'apprentissage intégré*, Toronto, Imprimeur de la Reine, 1996.

Ministère de l'Éducation et de la Formation de l'Ontario, *Grandir avec les livres*, Toronto, Imprimeur de la Reine, 1992.

Ministère de l'Éducation et de la Formation de l'Ontario, *Investir dans l'animation culturelle*, Toronto, Imprimeur de la Reine, 1994.

Ministère de l'Éducation et de la Formation de l'Ontario, *Le curriculum de l'Ontario de la 1re à la 8e année*, Français, Toronto, Imprimeur de la Reine, 1997.

Ministère de l'Éducation et de la Formation de l'Ontario, *Le curriculum de l'Ontario de la 1re à la 8e année*, Mathématiques, Toronto, Imprimeur de la Reine, 1997.

Ministère de l'Éducation et de la Formation de l'Ontario, *Le Programme d'études commun – Normes provinciales de langue, de la 1re à la 9e année*, Toronto, Imprimeur de la Reine, 1995.

Ministère de l'Éducation et de la Formation de l'Ontario, *Le Programme d'études commun – Normes provinciales de mathématiques, de la 1re à la 9e année*, Toronto, Imprimeur de la Reine, 1995.

Ministère de l'Éducation et de la Formation de l'Ontario, *Le Programme d'études commun – Politiques et résultats d'apprentissage, de la 1re à la 9e année*, Toronto, Imprimeur de la Reine, 1995.

Ministère de l'Éducation du Québec, *Français (Programme d'études du primaire)*, Québec, Direction des programmes, services du primaire, 1993.

Ministère des Richesses naturelles de l'Ontario, *Nouvelles du parc Algonquin*, Montréal, Club des Petits débrouillards, 5 août 1995.

OUELLET, Marie-Claude, «Portrait de chat», *Je me petit débrouille*, Montréal, février, 1990.

PÉTRO-CANADA, *S'acclimater aux îles de l'Arctique*, Calgary, juin 1980.

PRESSE CANADIENNE, «Une vie de chat», *Le Droit*, Hull, jeudi 21 avril 1994.

REUTER (ARLES), «Jeanne Calment», *La Presse*, Montréal, mercredi 18 octobre 1995.

SIZE-CASABON, Judy, «Quand tu me regardes, qu'est-ce que tu vois?», *Le Bénévolant*, Orléans, Résidence St-Louis, 1995.

SALOMÉ, Jacques, in «Selon Jacques Salomé, les difficultés d'apprentissage sont reliées à des troubles affectifs» de Claire Harting, *Journal de Montréal*, Montréal, 19 mars 1995.

ST-LAURENT, L. et al. *Programme d'intervention auprès des élèves à risque*, Gaëtan Morin Éditeur, 1995.

SYLVESTRE, Jean-Pierre, «Au pays de l'ours polaire», *Le Droit*, Hull, samedi 11 novembre 1995.

THÉBERGE, R. et LENZ, F., «L'enseignement de la langue maternelle aux francophones de milieux minoritaires au Canada» dans Gagné, G, Pagé, M. et Tarrab, E. (éd.), *Didactique des langues maternelles. Questions actuelles dans différentes régions du monde*, Bruxelles, Université BeBoeck, 1990.

VAN GRUNDERBEECK, Nicole, Les difficultés en lecture, Boucherville, Gaëtan Morin Éditeur, 1994.